ai

5次元へのシフト

新・光の12日間

・ボーネル
合子［訳］

徳間書店
5次元文庫
035

装丁　⑥Design
カバー写真　ⓒSwitch32/orion
amanaimages

はじめに *Introduction*

人類は分離と二元性から調和と合一へ移行します

人々の意識に、「分離―セパレーション」から「合一―ユニティ」への変容が起きることについて、私が初めてセミナーでお話ししたのが1986年でした。このシフトは、私たちが間違った生き方をしたり、傲慢《ごうまん》であったからもたらされる出来事《イベント》ではありません。この本をお読みになる前に、これは、我々の理解の足りなさや、無知に対する罰ではないことをどうぞ理解してください。

このイベントは、地球が形成されて以来、はっきりと予測できる周期で繰り返されてきました。2億6000万年の間、人類は周期的に訪れるエネルギーのイベントの影響を受けてきたのです。

私はこの来るべきイベントを「光の12日間」と呼びました。それはこのエネルギーがもたらす強烈な影響は、拡大した人間の感覚にとって、広大な光のスペクトルとして体感されるからです。

集合意識が二元性の荒っぽさと「分離」から、「合一《ユニティ》」のハーモニーへと変化するこのイベントについて、耳にしたことのある人は1980年代にはほとんどいませんでした。私の同僚の神秘家たちは、自分以外の誰かが、ユニティへのシフトをもたらす出来事の正確なタイミングを発表してくれないかと思っていました。当時、公に講演を行っていた彼らのほとんどは、特定の期間内に起きる集合的な意識の変容のイベントのことなど話したら、自分のキャリアが終わりになると思っていたのです。

キリスト教の聖書にさえ、「ライオンが子羊と共に休む、神の時代」に突入するシフトがいつ起きるのかは、誰も知ることはできないと記されています。

そして、時間やタイミングを予知することはいつでも問題を起こします。過去から未来へと流れる直線時間という概念は、純粋に私たちの知性の産物だからです。

光の12日間のイベントが起きるタイミングについての混乱の主な理由は、アカシックレコードに記された日時に起因しています。いつ、光の12日間のイベントが起きるのかとたずねたときに現れる2001年と2011年のシンボルがほとんど同じなのです。このようなシンボルの混乱は、1001年と1011年や、3001年と3011年の間には起きません。

もう1つ、12日間の正確なタイミングを解読するとき、さらに大きな問題となるのが、1万3000年ごとに訪れる分離と合一を繰り返すエネルギーの波の間に、1000年の幅の「移行期」が挟まっていることです。

アカシックレコードで、この1000年幅の光の波を移行期としているのは、人間の集合意識《マインド》が、新しいパターンのために、古いパターンを手放し始めるのを、1000年の波のちょうど真ん中に当たる時点としているからです。実際は、1000年の波は、新しい次の周期《サイクル》の最先端に当たります。

移行の波の中心において、集合意識は以前のサイクルの一般的な傾向を解放しながら、次の1万3000年のサイクルの影響下へとシフトしていきます。今、この時代、人類は分離と二元性から、調和と合一《ユニティ》へと移行しつつあります。

個人や集合意識の分離と二元性の葛藤は、ユニティの調和とJOY―歓びへと向かい解放されていくのです。

もうすぐ、1000年にわたる大きなエネルギーの波の中心に到達します

2011年12月21日から始まり2012年12月22日で終わる1年間が、移行の波[2]のちょうど真ん中に当たります。その中心に近づいていくにつれ、抑圧された二元性と分離の葛藤が、人類のエゴを通して解放されていくと、戦争や大量虐殺といったような人類絶滅のイベントに向かって進んでいくかのように見えるでしょう。

事実、人類は常に、創造の中心からやってくるこのエネルギーの小さい波にさらされてきました。それぞれの波が通ったあとには、集合意識にはっきりとした痕跡《こんせき》が残ります。1万3000年周期の中のこれらの小さなエネルギーの波は、分離や合一《ユニティ》のふるまいの中で、明白な効果を与えながら、大きな波が与える全体的な効果をある程度変化させます。

それぞれの人種の遺伝子は、小さな波や1万3000年の大きな波に対する反応の仕方を決定します。今回のシフトに関する大きな疑問は、1つだけの人種で構成される純粋なグループがほとんど残されていない今、集合意識は来るシフトに、いったいどのように反応するのだろうかということです。

すべての神秘家にとって、存在するものは2つ[3]しかありません。2つとは、意識とエネルギーです。創造主《クリエーター》が私たちの広大な現実のヴィジョンを生み出したとき、その最初の瞬間に、意識とエネルギーも創造されました。

歴史を通じて最高の神秘学の徒の1人と言われるアイザック・ニュートン卿は、その人生の後半において、「神の息の内に含まれる」交互に訪れる周期の秘密について書き記しています。彼がヴェールに包み、表現した創造の中心から生まれる交代にやってくる波は、意識の非物質性物質（Non-matter matter）を動かします。それはサバイバル状況におけるエゴの重要性を減らし、最終的に人類の気づきを促すのです。

ニュートンはそれぞれの「神の息」の強さと期間の地図をつくりました。今までの文明の隆盛と衰退、拡大と収縮のマップです。記録された文明の記録と、今までにわかっている波の活動を観察し、彼はさらに、各遺伝子のグループ、つまり民族集団に、特定の波がどのような影響を及ぼしたかを示す一覧表をつくりました。

そして、現在の移行の波（西暦1500年から2500年）と次の1万3000年のサイクル（2500年から1万5500年まで）において、それぞれの民族がどのような傾向をもって波に反応するのかを予測したのです。ただ、たった1つ、遺伝子集団《グループ》による反応マップに関して、ニュートン卿が間違っていたところがあります。それは、各グループが抑圧した内的葛藤についての部分です。

私たちは外部からのストレスにさらされたとき、あるいは自分が仲間に入れるだろうかという「帰属」の問題に出会ったとき、サバイバルのモードに入り、内的葛藤を体験します。そのような状況下で、各遺伝子のグループはそれぞれ、自然に特定の行動様式の範囲内で反応します。

ニュートンは、シフトの波の中、日常のストレスに対して、人々がモラルや価値観の変化という形を通して、どのように対処してきたかを観察することができました。ただ彼は、移行の波の中心点が近づいてくるにつれ、グループ単位で、内的葛藤のエネルギーが解放されることを見落としていたのです。

今から500年前、この移行の波に追いつかれたときには、私たちは集合的に抑圧した内的葛藤を無視することが可能でした。その結果、人類は抑圧された創造性を、人生をよりよいものにする建築や芸術という形で発散したのです。

今、文字どおり私たちは移行の波の中心点に来ています。私たちは抑圧した内的葛藤を手放していかなくてはなりません。意識的に、分離から合一《ユニティ》へ移行を体験するために。

内的葛藤を手放せば意識的にユニティへシフトします

内的葛藤を手放そうとしない個人や集団は、大変な結果に苦しむことになるでしょう。ほとんどの人は、それと知らずに自身の内的葛藤——良心や罪の意識などの善悪の観念のガイドにしたがって一生を送ります。ですから、善悪の区別を教えてくれる内なる導き手を見失ってしまうのではないかとの恐れから、自分という存在の深いところから変化することを難しいと思ってしまうのです。

内なる葛藤は分離から生まれます。ユニティのサイクルの影響下では、葛藤は存在することができません。個人として、そして集団として、この移行の波の中心ポイントを通過するとき、私たちは内的葛藤を解放し、現在の外部からのストレスに対処する創造的な方法を見つけていくのです。

過去25年間、内的葛藤の解放は増大しました。残念なことですが、個人や集団は、他者に対して、彼ら自身の内的葛藤を解放、あるいは投影しています。そうすることで、逆に新しい葛藤が生まれているのです。その葛藤もまたなんらかの形で解放される必要があります。

２００９年と２０１０年、世界のコミュニティは、個人や集団による深遠な「内的葛藤の投影」の増加を見ることになるでしょう。ある集団は秩序を破壊し、混乱をもたらします。また別の集団は「犠牲」を体験しながら、集合的な葛藤を手放していきます。

各遺伝子のグループは、遺伝的に受け継いだ特質にしたがって反応します。ある個人や集団は、征服されることに罪の贖《あがな》いを感じ、別の個人や集団は、罰せられることで浄化を体験するでしょう。

すべての内的葛藤を、他者を巻き込むことなく解放することは、永続する価値を持ちます。このような方法は、あなたの個人的な解放プロセスを劇的に加速し、意識的なユニティへのシフトを約束します。それはあなたが属しているグループや、集合的に生まれた葛藤の解放を助けることになるでしょう。

光の12日間のあとの最初の25年間は、残ったあらゆる内的葛藤とその役割の終焉《しゅうえん》を見ることになります。分離のサイクルからユニティに移行したあと、まだ肉体を持っている人々は、広くてとらわれのない刷新《リニューアル》した感覚を味わいます。再生です。ユニティのサイクルに入ってから新しい肉体に宿った存在たちは、時間のない感覚の中で、拡大した自己存在を感じるでしょう。すべての葛藤からまったく自由なのです。魂が肉体に入るときに自然に生じる葛藤さえも。

あなたが信じていることを、あなたは現実として体験します

人類が集合的に、シフトにどのように対処していくのかを予知するには、アカシックレコードを読む必要はありません。人類は非常に頑固に、非常にゆっくりと変化していきます。ここ1500年間の最近の歴史を調べれば、最も気楽な観察者にさえ、与えられた変化への人間の対処方法に関して明確に理解できるでしょう。

記録された歴史に関連するアカシック情報を見ていくと、2011年から2012年にかけての光の12日間のイベントに関しては、人類はより広い範囲の中で反応していくことが読み取れます。確かに最初は頑固ですが、それから肉体《ボディ》、精神《マインド》、スピリットのユニティへシフトしていくのです。

このイベントは多次元的であるが故に、すべての「起き得る現実」とその平行現実をも含みます。集合意識だけではなく、太陽系に存在するすべての意識とエネルギーに影響を与えるのです。

ユニティへのシフトを完全に成し遂げるためには、魂が肉体に入っている必要はありません。それまでの転生の体験により、肉体がなくても移行の波と近づきつつあるユニティのサイクルのエネルギーを完全に体験することができます。

ただ、ユニティへのシフトをストップしようとするグループがいます。意識が悲しみや、悲劇や死を体験するとき、ある種のエネルギーが放出されます。このグループはそのエネルギーを気に入っているからです。内的葛藤の結果、このグループは思いがけない形で消えていきます。

ユニティへの移行のポイントにおいて、あなたが信じていることを、あなたは現実として体験します。他の人をコントロールできると信じている人々はコントロールされるでしょう。JOYと調和を輝かせている人は、至福を体験します。

この避けられないイベントを変えようとすることは、地球の回転を止めるようなものです。1人1人がどのような体験をするのかは、その人の反応《レスポンス》のレベルによって決定されます。

太陽系内のどこにいようとも、1万3000年ぶりにやってくるこのエネルギーイベントに対するあなた自身のレスポンスが「あなた」という存在の収支決算のバランスをとります。何よりもこの出来事にあなた自身がどのように反応《レスポンス》するのかが、大変重要になってくるので、50ページから始まるシナリオの章において、具体的な3種類のレスポンスを描きました。この3種類のシナリオは、西欧や、西欧のライフスタイルを取り入れた文化の集合意識に見られるであろう典型的な反応を、誇張して表現したものです。宇宙的なイベントのはじまりを、個人レベルでそれぞれがどのように体験していくのかをイメージし、細部まで描写しました。

神秘的な情報、特に予言や予知に関しては、その情報をシェアする師や先生、見者と言われる人々が、どこまで自己に目覚めているかが重要になります。予言がどの程度、その人の個人的なものの見方や意図によって形づくられているのかは、この「時を超えたイベント」の知識をどういう形で提供しているのかを見れば、はっきりとわかります。

情報や知識を師や見者自身が解釈するために、あらゆる予知において、見者が予知の結果がもたらす利害関係から自由であることが大切です。このような理由から、ノストラダムスやサンジェルマンは、彼ら自身の個人的な計画《アジェンダ》が一切関われないような形で、未来の出来事を予言しました。

これからこの未来のイベントに関係する情報がすべて明らかにされていくのなら、ここが最重要になります。予言の特定の結果に利権がからむなら、未知なる情報に対して、どの窓から眺めるかを決定してしまうかもしれません。

計画《アジェンダ》のない見者は、開いている可能性のあるすべての窓から外を眺め、既知のレスポンスのパターンを土台にして、より広いスペクトラムの結果を提供することができるでしょう。このようなタイプの予言は、すばらしい援助となり得ます。なぜなら、イベントの情報の絶対的な正確性に対してというよりは、イベントを体験するにあたり、個人や、グループとしての意図を「現実化する」方向性により興味を持ち、意識を向けているからです。

2008年8月
フロリダ州ネープルズにて

ゲリー・ボーネル

注

1　この本が１９９７年に最初に出版された時点では、アカシックシンボルの微妙な差異に関して本文の中でご紹介しましたが、本書ではＮＯＴＥのセクションに掲載してあります。

2　現在の１０００年の移行の波は、地球に４４６年前に到達しました。人類はこの波の影響を受け、ルネッサンスという大規模な知識と社会的進歩を経験したのです。

3　意識（非物質性物質）は観察する「創造」における一側面であり、進化する物質は「創造」の始まりから終わりまで、そのヴィジョンの細部を満たしていきます。

5次元へのシフト　新・光の12日間　目次

第Ⅱ部

図版作成　浅田恵理子
校正　麦秋アートセンター
編集協力　小林久美子

第Ⅰ部 来るべき「光の12日間」のイベント

レスポンスのシナリオ／
あなたは
どのように反応していくのか？

Time and the Shift to Unity

タイミングそして、ユニティへのシフト

すべての予言において、いつ起きるのかという
タイミングの問題はいつでも非常に難しいのです。
「いつ？」を特定するのが不可能というわけではなく、
「時間」という概念の複雑さのためです。
ユニティのシフトが起きると、
人間のマインドは直線時間の境界線を超えて、
宇宙時間のものさしの中へ入っていきます。

「また、天に大きなしるしが現れた。一人の女が身に太陽をまとい、月を足の下にし、頭には十二の星の冠をかぶっていた。女は身ごもっていたが、子を産む痛みと苦しみのため叫んでいた」

ヨハネの黙示録第12章1節・2節

西暦1000年が眼前に迫ってきたとき、ヨーロッパでは多くの人々が種を蒔《ま》いたり、冬の食料を蓄えておくのをやめてしまいました。というのも、みな、いよいよ世界の終わりがおとずれ、信仰に厚い者たちが、歓喜のうちに天に昇っていくのだと疑いすらしなかったからです。その後、新しい千年紀がはじまると、これらの人たちは言うまでもなく、つらい日々を迎えることになり、実際にたくさんの人々が餓死したほどです。

それ以来100年ごとに、つまり1つの世紀が終わりを迎えるたびに「世の終わり」の予言が声高に叫ばれてきました。自分がどれだけ善行をほどこしたのか、あるいは悪いことをしたかによって裁かれるのだと言われてきたのです。

1999年から2000年にかけて新しいミレニアムがはじまるとき、ありとあらゆる大量の予言が書かれました。例えば、大きな自然災害がもたらす地球の終わりには、現代のテクノロジーは歯がたたないだろうなどといったものです。

1990年の半ば、光の12日間が2001年に始まる、または2011年からかもしれないとの情報によって、たくさんの人々が内的葛藤を手放しはじめ、個人の霊的なプロセスは加速しました。彼らは、新ミレニアムのシフトが近づくまえに、完全に準備をしておきたかったのです。でも今、この時点では、シフトは2011年から2012年の間に起きることがわかっています。

すべての予言において、いつ起きるのかというタイミングの問題はいつでも非常に難しいのです。「いつ?」を特定するのが不可能というわけではなく、「時間」という概念の複雑さのためです。

時間は始まりと終わりがあります。けれども、それは長く延びた毛糸というより、毛糸玉のようなものなのです。毛糸玉にもやはり糸の始まりと終わりはありますが、1本の糸のように始まりから終わりまで伸びているわけではありません。

意識のヴェールの向こう側、アカシャが常に創造されている意識の領域では、私たちが通常意識し、経験している「時」という概念は存在しません。アカシャでは目盛りのようなものは、神聖幾何学と呼ばれる幾何的な形をしています。意識が拡大したり、収縮したりしながら、同じ感覚上で出会い、交差するとき、その交点に目印のような幾何学的な形を構成します。この意識が出会う瞬間が多次元的な目盛りをつくり、それを集合意識は「成長」の目安にしているのです。

この出会いの瞬間は、過去から未来へと直線的に並んでいるわけではありません。すべての意識の交点の目盛りは同時に存在しているのです。はじまりから終わりまで、アカシャに記録されている1つ1つの出来事は、起きたすべての出来事とお互いにつながりあっています。この意識が分かち合う交点こそ、アカシャにおけるマルチバース（多次元宇宙）カレンダーの基礎なのです。

ですから、アカシャには単純に何月何日といった日付が記録されているわけではありません。私たちの世界でこそ、過去から未来に流れる想像上の線を思い描き、その線にそって物事を考え「はじまり」を考えます。

アカシャにおける「はじまり」のポイントはたった1つしかなく、しかもそれは同時に「終わり」でもあるのです。アルファでありオメガです。この概念がわかりにくいのは、単に私たちが直線的な時間に慣れてしまっているからにすぎません。

人間として私たちがこのアカシャの「同時存在する時間」に近いものを体験できるのは、いわゆる夢を見ているときです。夢の中では、私たちは自由に、しかも簡単に時間や空間を飛び越えていきます。ある場所にいたと思ったら、次の瞬間には、はるか彼方の離れたところに移動できるのです。

アカシックレコードは、創造の中心からやってくるエネルギーの周期《サイクル》を使い、人類の体験のタイミングを計ります。ただ伝統的なサイクルの概念とは異なり、アカシックレコードに見られるサイクルは、それぞれ周期の長さが変化します。ヒンズー文明のユガの考えや、12星座に時間を分けるような形の固定された時間ではありません。占星術を用いたときには、1つの星座の時代が平均2160年間を表します。

ユニティのシフトが起きると、人間のマインドは直線時間の境界線を超えて、宇宙時間のものさしの中へ入っていきます。宇宙時間は、空間の距離や原因と結果にしばられていません。

これは人間の肉体に宿る魂の意識がもっと自由に、時間と空間のなかを移動できるようになるということです。意識はもう、直線時間の中に組み立てられた特定の速度に縛られることはないからです。

人類の意識が時間の概念から自由になることを示していた文明がたった1つあります。マヤの文明です。彼らはこのイベントを2012年の冬至に起きるとしています。アカシャにはこの時は、すべての人類の意識が、制限や境界線としての時間を越えるポイントだと表されています。

ユニティへのシフトについて記録された予言のほとんどは、シフトがもたらすであろう特定の結果が内容の基本になっています。例えばキリスト教では、終わりの時にはキリストが再臨し、真の信者たちはすべて救世主とともに天にあげられるだろうと言われています。地上に残された者たちは、強烈な黙示録の時を体験するのです。

残念ながら、「終わりの時」に関するほとんどの文書は――旧約聖書のイザヤやエゼキエルから、ノストラダムスや最近のエドガー・ケイシーのような近代の見者にいたるまで、古いシステムが崩壊したあとの新しいパラダイムがもたらす拡大と歓び《ジョイ》について、明確なヴィジョンを示してはきませんでした。

マヤの人々は、人類の意識が集合的な体験を定義づけるための「時」を、もう必要としなくなったとき、ただそのカレンダーを終わりにしたのです。それでこの世が「終わる」わけではありませんし、それにともなうことが起きるわけでもありません。

「時の概念を使用すること」が終わるというマヤの人たちの予言は、私たち人類の集合的な体験がユニティへとシフトしていくことと、ぴったり重なるのです。

Ancient Rings of Light

古代の光の輪

創造の源からやってくるエネルギーの波の存在がなければ、

私たちは深い無意識の眠りに落ちて、

自分が誰であるかを理解できず、

お互いの本質にも気づくことができないでしょう。

「しかし、その方、すなわち、真理の霊《スピリット》が来ると、あなたがたを導いて真理をことごとく悟らせる。その方は、自分から語るのではなく、聞いたことを語り、また、これから起こることをあなたがたに告げるからである」

ヨハネによる福音書第16章13節

前に記したように、私たちはたえず「創造の中心」を源とするエネルギーの帯にさらされているのです。これは原初の「はじまりの時」から続いてきました。この非物理的なエネルギーの波には、気づきを促す目に見えない「気」あるいはプラーナと呼ばれるものが含まれていて、私たちの魂に滋養を与えてくれるのです。自分の肉体の生命を保っていくには、ビタミンやミネラル、炭水化物、脂肪、たんぱく質や酵素などの栄養素が必要だということはみな知っています。また、生きていくためには、水と空気と太陽の光も必要です。

これらの要素なしには、生命力は低下し、さらに欠乏した状態が長引けば、病気になって死んでしまいます。

人間にとってこのエネルギーの波は、植物にとっての太陽の光にたとえることができるかもしれません。太陽の光は植物を刺激して成長を促します。創造の源からやってくるエネルギーの波は、魂にとって、太陽光線の役割をしてくれるのです。この波の存在がなければ、私たちは深い無意識の眠りに落ちて、自分が誰であるかを理解できず、お互いの本質にも気づくことができないでしょう。

あらゆる時代の神秘家たちは、私たちがパンだけで生きているのではなく、高次元から与えられる目に見えない食物によって生かされているのだということを言い続けてきました。この神からの贈り物は、私たちの内面にある実現可能な夢（意識）を活性化し、私たちのイメージが現実化された形（エネルギー）となってもたらされるように、フォーカスを保ち続けられることを約束してくれます。

モーセはこれを奇跡によって証明してくれました。彼は、岩から水を出し、長老たちが祈ると、約束の地へ向かうイスラエルの人々が食べるのに十分な「マナ」が、毎朝大地を覆ったのです。

「はじめに」で申し上げた、アイザック・ニュートンの波に関するマップのように、私たちは、宇宙の小さな波が実際に、個人や集合意識にどのような結果をもたらしたかを、直接観察することができます。過去の文明の隆盛と衰退を見ればよいのです。

一般的な小さなエネルギー波は、ほとんどがたった1時間ほどの幅で、海辺に打ち寄せる波のように次々とやってきます。これは私たちが意識を瞬間から瞬間へ維持していくために必要なエネルギーイベントです。

他の波は数年の幅を持ち、活動的な時代をつくり出します。あるいは、知性とその姿勢に刺激を与えます。こういったエネルギーの帯は、絶え間なく私たちの住む宇宙空間を通り過ぎていきます。波には強さや程度にさまざまなものがあり、個人や集合意識に対して与える影響も、また、大小さまざまです。言い換えれば、ルネッサンス期に起きたような効果は、すべての波が寄せてくるたびに見られるわけではないということです。

13,000 Year Intervals

１万3000年の間隔

私たちの思考を増幅し、

エネルギーの方向性を定めるなら、

間接的に物質に影響を与えることができます。

大いなる叡智は、

存在するものは、

意識とエネルギーのみであると教えています。

旧約聖書の創世記は、創造の始まりと、1万3000年ほど前に起きたユニティから分離へのシフトを描写しようと、象徴的なイメージの断片をつなぎ合わせたものです。1万3000年のサイクルをリードする1000年の幅の移行の波は、初めは比較的、大衆に気づかれることはありません。少数の異常に繊細でクリエイティブな人々のみが、波に反応して深遠《しんえん》な気づきを得ます。例えば、ルネッサンスの開花を導いた、突然の洞察のような形として体験されるのです。

波の中心点に近づくにつれてすべての人々が参加しはじめ、集合的なパラダイムシフトが、新しい時代の到来を告げます。実際のサイクルが始まるのは、まだ500年も先なのですが。

500年前、今回の波の先端が集合意識を刺激しはじめ、肉体《ボディ》、精神《マインド》、スピリットにルネッサンス（再生）をもたらしました。突然、地球は平らでも、宇宙の中心でもなくなったのです。テクノロジーが勝利した現代では、地球が丸くなったことなどたいしたことではなさそうに見えますが、当時の人々にとっては、それこそ天地がひっくり返るような世界観の大変化だったのです。

どうして聖職者や学者たちは、それまで地球が丸いことに気づかなかったのでしょうか。当時、自分は真実を知っているはずだと信じていた人々が、どのように感じたかを想像してみてください。彼らの「創造」を理解する能力に対して、地球を一周するともとに戻れることを発見した一介の商人たちが、突然挑戦状をたたきつけたのです。なんと不条理な出来事でしょうか。

それまで公にされてきた言葉が、真っ向から戦いを挑まれたわけです。けれども時の権力者たちは、こうした厄介者をすぐには処刑しませんでした。西に行くために東に進んだ向こう見ずな者たちなど、そのうち消えてしまうだろうと信じて疑わなかったからです。

カトリック教会がガリレオの発見に公式に同意したのは、なんと1993年のことです。教会はガリレオの子孫に手紙を送り、除名処分の撤回を告げて、真の信仰対象であるカトリックの恩恵がふたたび受けられることを伝えました。

当時の思想家たちは、この丸い地球の啓示をどのように受け止めたのでしょうか。そのとき彼らが感じたインスピレーションや畏怖《いふ》の念に思いを巡らせてみてください。

地球が丸いなら、私たちはなぜ地表から、宇宙の星の中へと落ちていかないのでしょうか。ニュートンは、これについて、鮮やかに説明してくれました。今では、重力は、学校へ行くまえの子供たちさえ知っている基本的な概念です。

けれども当時はそうではありません。迷信に支配された日常を飛び越えて、「創造」のシステムをいきなりのぞきこんだような感じだったのでしょう。新しいシステムは驚くほど広大で、あやしげに入り組み、今までの世界観に真っ向から挑んだのです。

そのころの「偉大な頭脳」たちにとっては、なにか特別ですごいことが起きるに違いないと信じるに足る歴史的な理由はありませんでした。西暦1400年以降、私たちがたどることになるテクノロジーの進歩を、冗談ぽく暗示するような、前科学的なSF小説の1冊さえ一切なかったのです。19世紀の後半に、ジュール・ヴェルヌがやっと近未来のテクノロジーを垣間見させてくれるまでは。

しかし本当のところは、いまだに私たちのほとんどが、「傲慢さ」という油をたっぷり注がれた迷信に支配されたままです。

今、500年前と同じように、すべてが変わろうとしています。

私たちの時代にふさわしく、科学者たちは純粋に当惑しています。単に彼らは当惑するのに十分なデータがあるにすぎないのですが。

次の記事は、1995年5月20日付けのアトランタ・ジャーナル―コンスティチューションの「アースウォッチ」欄に掲載されたものです。

【不思議な宇宙線】

既存の物理学では説明できない非常に強いエネルギーをともなった不思議な力が、地球に向かって粒子を浴びせています。この現象に、世界中の科学者が対抗策を考えるべく、シカゴ近郊の国立フェルミ研究所に集まっています。今のところ、2種類の高エネルギーの宇宙線に関してのみ、詳しい情報が得られています。ノーベル賞受賞者であるシカゴ大学の物理学者、ジェイムズ・クローニンをリーダーとする宇宙線調査隊は、探知機を設置してデラウェア州と同じ広さをカバーし、宇宙線の吸収を計画しています。

日本とユタの科学者によって計測された2種類の宇宙線は、フェルミ研究所の世界最大の加速器で生産されるエネルギーの1億倍ものエネルギーを有しています。科学者たちは、既存の物理学の法則を当てはめると、最も大きな星が爆発してさえ、このような強大なエネルギーを生み出すことはできないと述べています。

より大いなる叡智《ノウィング》の観点からご説明しましょう。ここで科学者たちが観察しているものは、今、私たちに到達しようとしているイベントの先端であるサイクルの波の影にしかすぎないのです。これは物理学の法則で説明できる物理的なエネルギーではありません。科学者が計測できるものは、このエネルギーが最も小さな粒子に与えている「効果」なのです。それは草原を吹き渡る風のようなものです。風が与える効果ははっきりと目に見えますが、風そのものは見ることができません。

もう一度繰り返します。このエネルギーの本質は物理的なものではありません。しかし私たちの思考を増幅し、エネルギーの方向性を定めるなら、間接的に物質に影響を与えることができます。

マイケル・タルボットは彼の著書『投影された宇宙』（日本語版：春秋社）の中において、これらの素粒子レベルの形体は、私たちが主張することによってのみ、現実に存在することができるという考えを推し進めています。私たちは随意に現実化することができるのです。アカシャの観点から見れば、タルボット氏は本人が思っているより、ずっと正しいのです。

大いなる叡智は、存在するものは、意識とエネルギーのみであると教えています。

二元性を体験してきたこれまでの1万3000年において、私たちは思考をエネルギーの波として表現してきました。それは単に、私たちが、新しい思考を生み出すのではなく、自分の意識の波長を「想念エネルギーの波」に合わせているからです。

これからごく短期間で、私たちは「現実」の本質、および意識と物質との関係性を完全に理解することになるでしょう。そして、アトランティスとレムリアのユニティのサイクルで行っていたように、私たちはふたたび、物質としての思考を生み出していくのです。

12 days of photon ①

12日間の出来事、
そしてあなたの反応は？

あなたがどのような12日間を過ごすことになるのかは、
どれだけあなた自身が内的葛藤と不安を
手放そうとしているかにかかっています。
このエネルギーのイベントに対して、
特別な準備は何も必要ありません。

２０１１年12月21日から２０１２年12月22日までの１年間は、ユニティへと続く１０００年の先端の波の中で、最もエネルギーが強くなるポイントです。私たち全員が、同時にしかも同じように、知覚領域の拡大というこの現象を体験することになるでしょう。私たち個人個人の信念、人生をどのようにとらえているのかが、シフトがもたらす体験を決定します。

この「光の12日間」の出来事は、移行の波の中心の１年のはじまりの時点、２０１１年12月21日をはさむ、12月15日から25日までに起きるとアカッシクレコードには記されています。

最も一般的な体験としては、「創造」における平行現実を認識できる範囲がどんどん広がっていくことでしょう。特に光のエネルギーが広範に感知できるようになります。私たちは、物理次元のレベルを超えて「見る」ことができるようになるのです。これは、物理的な身体とエーテル体が真にブレンドするために、ＤＮＡがシフトするためです。

私たちは、肉体の目と、スピリチュアルな視力センターである第三の目とその両方を使って見ることになります。第三の目は、松果体と関連しています。

五感のすべての感覚は、肉体とエーテル体の融合が進むにつれて、ますます拡大していきます。超感覚的な知覚（ＥＳＰ）のことなど、考えもしなかった人たちにとって、世界の今までなじんできた輪郭線が崩れていくように見えるでしょう。

共通するもう１つの体験は、考えたことが、間をおかずに現実化していくことです。霊的な道を探求している人にとって、とてもエキサイティングな体験になり、大歓迎されるでしょう。ただ、瞑想や集中力を高めること、意思を発達させるトレーニングなどを積んでこなかった人々にとって、突然、周りが夢の世界へ突入してしまったような気持ちがするかもしれません。

彼らは、明晰夢《めいせきむ》にとらわれてしまったように見えます。覚めない夢の中に。

私たちのほとんどが、長い間エンジョイしてきた、百年一日のごとくに変わらない、頑固なパーソナリティのままでは、もういられないことを理解します。

まだ、一部は、古いパターンを再生しようとやっきになります。なつかしい、人生の生き方を。

私たちは遺伝子のレベルでシフトを起こすために、頑固な彼らもまたほかの人たちと同じように、シフトそのものから隠れるために、幻想に満ちたリアリティを現実化することが可能なのです。しばらくの間は、以前と同じ生き方をすることはできます。

このタイプの変化は、突然、しかも完全に起こります。ですから、ほとんどの人は、問題を感じるでしょう。ユニティは、あまりにも、今までの二元性と分離の世界からかけ離れているからです。

この変換期を完全にスムーズに乗り越えるために、私たち個人ができることは何もありません。あなたが過去に、いっさい霊的なものを否定して生きてこようが、自分の信仰に従って精一杯、敬虔《けいけん》な人生を送ってこようが、まったく関係ないのです。いずれにせよ、あなたはこの12日間の最初の数日で、意識とエネルギーが織りなす冒険が目の前でどんどん明らかにされていくのを目撃することになります。

あなたがどのような12日間を過ごすことになるのかは、どれだけあなた自身が内的葛藤と不安を手放そうとしているかにかかっています。このエネルギーのイベントに対して、特別な準備は何も必要ありません。最後にこの波を体験したときから、つまりアトランティスの時代以来、繰り返し重ねてきた転生の1つ1つが、すでに準備となっているのです。シフトの期間、完全に意識を保っておくために必要な能力は、すでにあなたには備わっています。

ただ、1つ大切なことは、人生を100パーセント体験することをいつもじゃましてきたものは、「判断すること」と「葛藤」だったということを理解することです。これは初めの3日間で、さらに明らかにされていきます。

1日目と2日目で私たちが体験するであろうシナリオは、数限りなく考えられますが、ここではアカシャに記録されている代表的な3つの異なったレベルの「個人のレスポンスパターン」を、誇張した形で描いてみたいと思います。この3つのレベルを次のように呼んでおきましょう。

①自己の中心に自分自身の価値基準をもつ型
②救世主に委《ゆだ》ねる型
③非難と浄化を求める型

誤解していただきたくないのは、この3つのレベルだけが、初めの3日間のレスポンスのパターンではないということです。ある集団が固有の信念体系をもっている場合、その文化に属している個人は、その特有の信念に基づいて反応する傾向にあります。

ここにあげた例は、あくまでも3段階のレベルの反応を一般化したものであり、固有の文化を基準にして分けたものではありません。そして、各レスポンスには、ほかの2つのレスポンスの要素が、さまざまな程度で入ってきます。結局、12日間の経験を決定づけるものは、どれだけその人が次の意識レベルに移行したいと思っているのかに、左右されるのです。

12 days of photon ②

最初の３日間における
あなたのレスポンスのシナリオ／パターン①

あなたのからだはつま先から頭までが、

幾層もの光で覆われています。

それはまるで暖かいビロードの布に

包まれているかのような感覚です。

そのなかでも、一番外側の層は鮮やかに輝き、

７カ所あるチャクラの周りの光は、

よりソフトで精妙に見え、

その姿に何か「永遠」のようなものを感じました。

午前7時15分。ぐっすりと眠り、疲れたからだを休めたあなたは、朝のさわやかな光の中、自宅のキッチンにたたずんでいました。

このあいだ、町で何気なく入った店で見つけた「スマトラ・ゴールドブレンド」の豆をコーヒーメーカーに入れて、香り高いコーヒーがポットを満たしていくのを眺めたあと、お気に入りのスピリチュアルな本に目を通しながら、できたてのコーヒーを一口、口に運びました。

「ふーっ」一口目のコーヒーがあなたの味覚を目覚めさせます。二口目で、香ばしい温かさが、からだのなかに広がり、すてきな夏の1日の始まりを予感させてくれます。

すると朝食のパンをきつね色に完璧に焼きあげてくれる新品のトースターが、何の前ぶれもなく、内側だけでなく、外側も光りはじめたことに気がつきました。あなたはカップをカウンターの上に置いて、トースターに近づき、のぞき込みました。

外側を覆っている白いコーティングが、緑がかったブルーに光っているように見え、コードも紺色の光が取り巻いているようです。その光はさらにまばゆいばかりの紫色に輝きながらコンセントへと続いていました。

トースターにふれてみました。楽しげな、なんだかむずむずするような感覚が、指先から手の表面を流れて行くような感じがします。部屋を見回すと、ほかのコンセントもみな同じように光っているではありませんか。
スイッチの入っていない器具のコードは光の度合いが少なく見えますが、確かに光っています。あなたは一歩後ずさりして、目をこすりながら、もっとよく見てみようとメガネを取り出してかけてみました。今や、あなたの周りのすべてが柔らかな光に包まれています。光そのものが輝きを増しているというより、あなたを取り囲むすべてのものが光りはじめているのです。

流しのうしろの窓から見えるハーブの温室は、虹色の光を発しています。そして、庭の素焼きの植木鉢は、ラベンダーとピンク色の花を包み込むかのように、鮮やかな赤い光を発散しています。そのつぼみからつぼみへとエーテル体の蝶が飛び回るかのように、カラフルなエネルギーが花の間を縫っていきます。あなたは、光りながら動いているものは妖精か精霊たちなのだとすぐにわかり、思わず微笑んでしまいました。

部屋にあるすべてが、今ややわらかな光を発しています。この部屋を満たしているエネルギーの邪魔はしたくないという新しい感覚がおとずれ、注意深く、歩く場所を考えながら、あなたは電話のほうへと歩いていきました。いつもスピリチュアルなことを教えてくれている先生に連絡を取ってみることにしたのです。その人はすばらしい師であると同時に、叡智に向かって歩む道のりにおける親しい友人でもありました。この人だけには、ためらわずに何でも話すことができるのです。

電話のベルが鳴る前に、受話器から先生の声が聞こえてきました。話をはじめてすぐに、2人とも同じ体験をしていることを知りました。この15年の間、2人が参加したさまざまな精神世界のクラスでは、意識とエネルギーについて何度も語られていました。けれども、あなたは今までにオーラが見えたことなど、1度もなかったのです。それから家族や友人たちにも電話して、すべての人に同じことが起こっているのかどうかを確かめようということになりました。そして、この知覚に起きたドラマチックな出来事が過ぎ去るまで、家のなかにいて、必ず毎日夕方に連絡を取り合うことにしました。

自分と同じような考え方をしない人たちは、今朝の出来事に戸惑い、恐れていました。彼らと話すことがいかに疲れることなのかは、すぐにわかりました。電話の向こう側では、友人や家族がパニックに陥っていました。彼らは頭が変になったのではないか、あるいは1960年代に試したドラッグの影響ではと思っているのです。

また、今話せないからとあとで電話してくれという人もいました。その話せないと言っている人たちは、なんとか自分の親しい神父さんなど、聖職に就《つ》いている人に連絡を取ろうとしても、なかなか取れないのだろうということが感じられました。彼らの混乱と魂の苦しみをともに感じて、あなたは胸がいっぱいになりました。そうすると、自分のハートのチャクラから、彼らに向かって淡いピンクがかったゴールドの光が流れはじめていることに気づきました。

時が経つにつれて、あらゆるものに光が見えるだけでなく、それぞれが今までに聴こえなかった音を奏でていることに気づきました。突然、あなたは理解しました。昨日までの世界がもう想像もできなくなっていることを、そしてまた、それがいかに淀《よど》んだ世界だったかということを。

すべてがクリスタルのように透明で、明確です。思考は焦点が定まり、質問はあっという間に答えに到達しました。それは、あたかもあなたのマインドが、質問と答えを同時に得るかのようです。2つの間にギャップはありません。

あなたは次のように日記に記しました。

「一日目の終わり。すべてから、同じように光とエネルギーが発散されている。光だけではなく、同じような強さで、音も、香りも味も感じることができる。初めは、電化製品だけが光っていた。電力消費量の多いものほど、光も強いことがわかる。空間はどちらかといえば青みがかり、土は黄色に見える。ろうそくの炎は真紅で、祭壇の水は白っぽくて透明ではない。すべてが、息をのむほど美しい。窓枠に置いてある石ころは、繊細に彫刻が施された玄関の花瓶と同様にすばらしい。植物は皆、同じ色調の光を発している。大きな植物ほど、オーラが幾層にも見えて、光も強い。ネコはまるで何事もなかったかのように変わらない。この状態がネコにとっては普通だったからだろう。そして、もっとすごいのはネコが喉《のど》をならすと、それとともにやさしいオレンジの光の輪ができることだ。その音はおもしろいことに、土っぽい古めかしい香りがした」

声に出して日記を読むと、あなたの目の前の光、特に頭の上を覆《おお》っている光が濃くなっていくのがわかります。そこで歌を歌ってみました。高音はあなたの周りの空間に、霧のように広がります。低い音は、高音ほど劇的な変化は起こさず、音を速くつなげて歌うとエネルギーは長く霧状に残ります。高音で速く発声すると、光のなかにさらにきらめきが混ざります。

カバラ（ユダヤの神秘主義的な教え）のクラスで習った、神の名前を唱えると同時に、信じられないようなエネルギーの渦巻きが、螺旋《らせん》状になってあなたの口から飛び出して、部屋が強烈な光で満たされていきました。

次に、この1週間ずっと練習してきたマントラ（真言）を唱えてみました。

「オム　ベンザ　サットバ　フーン」

さらに深く息を吸い込んで、続けます。

「オム　バジラ　サットバ　フーム」

唱えながら、すでにあちらの次元に旅立った人々のすべてのカルマが浄化されているところを思い描きました。するとあらゆる色彩を含んだ何千本もの光線が、あなたの頭から放射され、すでにハートから出ている光と融合して、部屋を満たしていきます。

「なんて、すばらしいの！」

畏敬の念に打たれたあなたは思わずつぶやきました。そして、自分の中心に並んでいるチャクラを輝くエネルギーが通り抜けていくのがわかりました。

「すごいわ！」

友人は、またベルが鳴る前に受話器を取りました。2人とも、距離が離れていても、お互いに抱き合っているようにそれぞれの存在を近くに感じました。輪郭が今までとまったく違って見える電話機を使うのは、何か妙な感じがするものです。実際、電化製品を使う気がしなくなっています。なんだか、からだから発散している光を妨げるような気がするからです。もちろん、電気はからだに無害だということはわかっているのですが、あなたのエーテル体の輝きに比べいかにも鈍く見えるのです。

「なんて日なんでしょう！」

いつもの習慣から、あなたは寝床の用意をしはじめます。

「みんな、自分のからだがこんなふうに光っているのかしら？」

自分の裸身を鏡のなかに見つめながら、独り言をつぶやきました。あなたのからだはつま先から頭までが、幾層もの光で覆われています。それはまるで暖かいビロードの布に包まれているかのような感覚です。そのなかでも、一番外側の層は鮮やかに輝き、7カ所あるチャクラの周りの光は、よりソフトで精妙に見え、その姿に何か「永遠」のようなものを感じました。

あなたのからだにかかるシャワーの水はとても心地よく流れていきます。湿り気はあなたのからだから放射している色彩を、さらにきらめかせ、肉体をすっぽりと包むゼラチンのようなエネルギーのもつ色と融《と》け合っていきました。石鹸《せっけん》はさらに新しい質感をつけ加えています。

突然あなたは、自分自身と恋人のイメージを周りに感じました。温かい、液体の流れるような感覚が、あなたのからだを流れます。あなたの思いがさらに空間のイメージの色彩を豊かにしていきます。まるで、2人の触れ合い、抱き合う感触がじかに伝わってくるようです。そして唇を重ねる感覚も。エネルギーを感じながら、今実際にここで愛を交わしたら、いったいどんな感じがするのだろう、どんな音がして、どんな色が見えるのだろう、とあなたは想いをめぐらせました。

タオルやパジャマ、シーツの感覚があまりにも甘美で、習慣的に眠りたいと思う気持ちがどこかに行ってしまうようです。結局眠る準備を整え、あなたはからだを横たえました。こんなにいろいろなことが起きたのだから、疲れているはずだと思いながら。でも、いつまで経っても眠りは訪れません。眠らなくては、と思ったとたん、からだはリフレッシュしていくのです。

そういえば1日中、こんな調子でした。食事の時間が来たことに気づけば、もうお腹がいっぱいになり、喉が渇けば、そう意識するだけで満足するのです。そこには思うことと体験との間にギャップがなく、満たされた感じ、完成された感覚のみがありました。

夜は速やかに過ぎていきます。眠りは、深い意識的な休息に変わり、思考とエネルギーと形が夢のように満たしていくのです。あなたの意識の縁《ふち》をすべての思考が光を放ちながらきらめき、活性化した意識の中心には、台風の目のように静かな「叡智―Knowing」が存在しています。

マインドを超えた安らぎです。

時計の針が朝の7時を指しました。昨日、起きたのと同じ時間です。

「昼が来て夜が過ぎて、丸1日経ったわ」あなたは声に出して言いました。

「昨日の朝の7時15分からはじまったのですもの」

ベッドに横になりながら、次には何が起こるのだろうかと考えていました。そして、夢と遊ぶことがどんなに楽しかったかを思い出し、朝少し早く起きて、意識を保ったまま、フィーリングとイメージのなかに漂っていきました。鮮やかな色が、過去のなじみ深い形をつくりはじめ、フィーリングもまた形をもち、あなたをすばらしい夢の次元へと連れて行ってくれます。あなたが光から、現実をつくり出すたびに、すべての思考は幾何学的なパターンとなって、自分の意識を平行次元のホログラフィックな層の間を自由に動かしていくのです。

次の瞬間、一筋の陽の光が窓から射し込んできました。昨日に比べ、エネルギーはさらに強烈に輝いているようで、光がすべての場所に行きわたっています。想念をすぐに現実化しようと試みれば、視界はエネルギーのきらめきでいっぱいになり、まるで想念自身が、現実のなかに出ていこうとしているかのようです。「時間」が「創造」へとなだれ込んでいくのがわかりました。

努力とかけ離れた場所で、1日が進んでいきます。

あなたは2日前のことを思い出そうとしました。たった2日前には、世界は死にとりつかれて、「自分はここに帰属していない」という古い感情があなたの肉体をわしづかみにしていました。胃のあたりがキュッと痛み、周りの人々に対して、何年もの間自分が下していた、彼らを判断する気持ちがこみ上げてきました。自分のなかにあるすべての葛藤、罪悪感、恥じ入る気持ちなどを解放していくにつれて、吐き気が細胞から細胞へと動いていきました。

自己否定する気持ちは、傷ついた感情と誤解と怒りのあいまいな記憶のみを残して、するっと滑り落ちていくように消えていきました。

からだがすっきりとしました。まるで生まれたての赤ちゃんのように、疑いや不安が投げ落とす影がまったくありません。細胞から生命エネルギーを絞り出してしまう憎しみも消えています。憎しみや疑いの存在する現実は、もうあなたの注意を惹きつけることも、意識に入りこむことも不可能なようです。かつてそういったことを考えたことさえ、想像もつかなくなっています。そのリアリティははるか彼方の夢のように見え、光と歓《よろこ》びにあふれたこの世界から、かけ離れた場所に感じられました。

時計を見ると、もう夕方です。今日も昨日と同様、一日中家のなかで過ごしました。自分自身のために、子宮のような部屋のなかで、感情が光で紡ぎ出すさまざまなイメージを創造しながら……。生まれて初めて、真にあなたは自分の人生をつくり出しているのです。自分以外の何者もいっさい気にしないで、ただ創造がもたらす、ふるえるような喜びだけを意識しながら。こんなふうに感じるのは初めてです。でも、何かとても懐かしく、実にぴったりとくるフィーリングでもあるのです。

午後7時になりました。いつもは夕食をとりながら、1日の出来事を振り返る時間ですが、食事そのものが重要なことには感じられません。まるで今日起きたことが、空腹感を満たしてくれたかのようです。

友人のことを思い出して、電話をしなければならないことに気づきました。するとその瞬間、その友人からの電話のベルが鳴りました。お互いの体験がまったく同じことを電話で確認し合いました。発見したことすべてに喜びを感じ、2人はともに1日を過ごしたのです。もう豊かさや原因や結果を思い煩《わずら》うことはありません。瞬間がもたらす喜びをただ歓ぶだけです。

ふたたび、日ごろの習慣から休息をとることにしました。すべてが光を発して、太陽の光を覆っているにもかかわらず、そのサイクルを守ることが、不思議に重要なことに思えるのです。今や、あなたの周りには光が存在しているだけです。そして、力強く輝き、目にやさしく届きます。

肉体がゆったりと完全に休息している間、意識的な眠りが訪れ、休んでいても、すべての瞬間、あなたの意識は完全にはっきりとしていました。無意識が引き起こす欲望はもうあなたの内側には存在していません。無意識が司《つかさど》る現実など、考えただけでもばかばかしく感じます。

今や、思考とフィーリングは1つです。あなたは思考や想念がもはやエネルギーとして表現されない「神秘の次元」へと移行したのです。そこでは想念はすでに「実体」です。

7時を告げる時計の音が、あなたの意識を完全にからだへと戻します。昼が来て、また夜が過ぎました。光の2日目です。

3日目の始まりです。考えたことがすぐに現実化することを、あなたはもう疑いません。想念はもはや視界の端でダンスを踊っている、ただの光のきらめきではないのです。あなたは、別次元に去ってしまった偉大なる魂たちを目の前に招待することにしました。深いブルーの空間から、輝く光体が姿を形づくりはじめます。これらの慈愛と共感にあふれた存在たちは、あなたの意識を時間を超えた神秘へと誘い、ガイドしてくれます。そして、意識が偉大なる魂の1つと一体化したとき、あなたの魂は飛翔します。キリスト、観音、ブッダや数え切れない存在たちの歓迎の拍手が響きます。彼らの限りないやさしさから放たれる「感動の波動」が、あなたの肉体《ボディ》、精神《マインド》、スピリットをエクスタシーへと導き、これからはずっとこうなのだということがはっきりと理解されるのです。

12 days of photon ③

最初の３日間における
あなたのレスポンスのシナリオ／パターン②

振り向くと、部屋中のすべてのものが、

同様の微妙な光を発していることに気づきました。

ソフトで、しかも活気に満ちたその光が、

流れるように四方からあなたに注がれているのです。

手を伸ばして、発光している冷蔵庫にふれてみました。

すると冷蔵庫があなたをさわり返してくるようです。

朝の7時15分ごろ、あなたはキッチンにたたずんでいました。

昨夜は持病の気管支炎の発作を起こした母親の世話で、一晩中、気の抜けない夜を過ごしました。やっと母親が落ち着いたので、あなたはほっと一息をつきました。

「父さんが死んでから、母さんもいろいろ苦労したわ」

朝食をカウンターに並べながら、あなたは独言をつぶやきました。

「私たちみんな、大変な思いをしてきたのよ」

あなたは一晩中バターをカウンターに置きっぱなしにしていたことに気がつきました。もう半分溶け出しています。大げさに肩をすくめてから、また朝食の用意にとりかかりました。

「母さんは父さんの死んだあと、ほとんど話をしなくなった。いったい何を待っているのかしら。なぜ、ちゃんと自分の人生を生きていけないんだろう」

声に出してつぶやいたあと、朝刊に入っていた安売りのチラシに目を通しました。

コーヒーメーカーが、ポコポコと音をたてはじめます。そこのスーパーで買ったありきたりのコーヒー豆のできたてのブレンドコーヒーを一口、口に運びました。あらっ！　あなたはコーヒーがびっくりするほどおいしいことに気づきます。専門店で買ってくる高級品よりも、ずっといい味です。

「やっと人に自慢することができたわ」

あなたは何だかうれしくなって、今日1日がすてきな日になりそうな予感で満たされました。

デニッシュを取りに行こうと振り向くと食料庫の小さな棚から、何やら奇妙な光が出ています。それは電源を切っても消えることはありません。あなたはその光を浴び、後ずさりしながら、深く息を吸い込んで手で口をおさえました。

「おお、神様。あれは……その……、私は……、ああ、主よ！」

それだけを口にするのがやっとでした。よろめいたあなたは、カウンターで、自分のからだを支えます。部屋中のすべてのものが、同様の微妙な光を発していることに気づきました。ソフトで、しかも活気に満ちたその光が、流れるように四方からあなたに注がれているのです。手を伸ばして、発光している冷蔵庫にふれてみました。すると冷蔵庫があなたをさわり返してくるようです。子供のように無邪気な歓びが、からだを満たし、続いて怖れとともに、自己不信がこみ上げてきました。

周りを見回して、だれかが自分のことを見張っていないかを確かめてみました。冷蔵庫にもう一度ふれてみます。すると冷蔵庫のほうがあなたにふれてくるのです。

「神様、お助けください！」

先週の日曜学校のことが頭に浮かびました。

それは、よその町から訪れていた若い司祭が説教をした「来たるべき日」についてであり、イエス・キリストを自分の主であり救い主として受け入れた人々には、もうすぐその証《あかし》があるだろうということでした。

一瞬のうちに廊下に出たあなたは「母さん、母さん。ねえ、起きてよ！　ついにその日が来たのよ。見てちょうだい！」と大きな声で呼びかけました。手を動かすと、そのあとをエネルギーの帯が追っているようです。母親がゆっくりと目を覚ましたことで、深い期待感が部屋を満たしていくのがわかりました。母親を枕で支え起こそうとすると、そのからだはきしみます。目は弱々しく、半分閉じられ、溜息にはガラガラという雑音が混ざっていました。

すると突然、母親は「お母さん！」と叫び声をあげ、目を見開いて、あなたの向こう側の部屋の中央を見つめました。

肩越しに、きらきら光る光の雲のようなものが、壁際のテーブルの上に集まりはじめたのが見えました。その光が祖母の姿に形を変えはじめたとき、あなたの目に涙があふれてきました。

「お母さん。なんでこんなに時間がかかったの？　長い間待っていたのよ。そばにいるのはだれ？　ジャックおじさん？」

母親は身を乗り出し、そうたずねました。すると美しい緑がかったブルーの光が、祖母の隣に現れました。

「違います、わが子よ。トーマスがあなたを連れに来たのよ」

心地よい祖母の声があなたの頭のなかで、そっと響きました。あなたが幼いころ、眠りにつくまえに、何度も何度も子守歌を歌ってくれた、あの声です。祖母の隣に集まりはじめた光は、だんだんと人の姿になっていきました。

「お父さん？」

ベッドの脇に進みながら、あなたの心はすっかり混乱していました。

祖母の声が父親のそれに変わったとき、部屋はスイカズラの甘い香りに満たされました。

「お嬢さん、踊っていただけませんか？」

この言葉を、父が母に贈るのを、何百回聞いたことでしょう。それはあなたの一番大好きな思い出です。

父はそう言っておじぎをして、母を食卓の椅子から抱き上げて、彼らにしか聞こえない音楽に合わせて部屋のなかを滑るように踊ったものでした。

母親は爆発するようなエネルギーに満たされ、ベッドの中央にひざをついて座っていました。

「私を置いて行ってしまうなんて、本当に怒っていたのよ。お母さん、トーマスに言ってやってちょうだい。どんなに私が怒っていたか」

その声は、若々しく張りがあり、とても興奮していました。

部屋に現れたこの「2つの光体」は腕を伸ばして、母親の手にふれました。そして、母親が手を取ろうとして立ち上がったとき、その弱ったからだから放射している微妙な光が部屋いっぱいに広がりました。

「母さん、立ち上がっちゃだめじゃないの！」

あなたは母親に手を伸ばしながら、強く言いました。母親から発散している光は、今は深いピンクがかった紫色に変化しています。母親の魂が、寂しさを解放するために来てくれた懐かしい「2つの魂」のほうへと進んだとき、彼女の肉体はベッドの上に後ろ向きに倒れました。

若く、生命力にあふれた母親はふたたび、あなたの父親の隣に立っていました。まるで、あのころのように……。

フラッシュのような閃光《せんこう》があなたの目を射し、予告もなしに部屋のすべてがシフトしました。祖母の姿が消え、両親は祭壇のそばに立っています。

母親がやさしく語りかけてきました。

「いよいよその時が来たのよ。今が啓示の時。あなたは精霊たちが人々の上へ降臨したのを目撃したのよ。歓びなさい。今日が私たちの主の日です。今日のこの日、主はあなたとともにおられます」


あなたはこれまで自分がちゃんとしていたかどうかが、心配になりました。善行を施したり、充分に与えたり奉仕してきただろうか。認めてほしくて、教会に帰属し、自分自身をも認めたいと思ってきた、長い間「許し」を求め、神や他人を喜ばせたいと思ってきた気持ちが、あなたの心のなかで叫び声をあげはじめました。

母親の言葉をうまく聞くことができなくて、苦しさでからだが震え出しました。パニックに陥ったのです。

「私は今まで何をしてきたんだろう？」

あなたは目の前にいる「光の存在」を忘れ、脱ぎ捨てられた母親のからだの隣に腰を掛け、自分自身に問いかけます。茫然《ぼうぜん》として、自分がどこにいるのかわからなくなってしまいました。

「あらベッドがめちゃくちゃだわ。ベッドメイクしなくっちゃ」

あせって動きはじめ、そしてまた立ち止まります。疑問が泡のように頭の深いところから上がってきて、あなたの心の表面を破って浮かんできました。

「いったいなんだっていうの。どうして私なんか生まれてきたのかしら？」

あなたは必死に母親のからだをベッドのなかに引きずり込みました。布団をきちんと直し、母親が気に入るように枕の位置も整えました。ここが母にとっての最後の休息の場所なのです。表情の消えた母の顔に、あなたは微笑みかけました。


その日はこの先、永遠に続くのではと思われる自己チェックに時間を費やしました。

この地球の上で過ごした日々を見直し、バランスをとろうとしたのです。これまでの行為のすべてを細かいところまでチェックして、自分のそのときの意図を吟味し、やり残したことを正当化しました。それはやめようと思ってもやめられるものではありません。このプロセスをストップしてはいけないのです。

あなたは自分の人生をだんだん理解してきました。姉はいつも両親のお気に入りだと思っていたし、子供たちは自分に心から感謝することはなく、前の夫はあなたの献身を裏切りました。でも、こうした経験はきっと内なる強さを試すための試練だったのでしょう。

「彼らを許すこと、それがポイントなんだ」とあなたは思いはじめました。そして「すべての言動のなかに正しさを見出《みいだ》せばいいんだわ。そう、イエスと同じように、非難しないで。罪はないんだわ」とつぶやきました。

「片方の頬を打たれたら、もう片方の頬をさし出しなさい……。上着を盗まれたら、コートもあげなさい……。汝の敵を愛せよ……。私があなたを愛するように、互いに愛し合いなさい……」

その瞬間、静けさが広がりました。

「試練だったのよ。人生は忍耐という試練なんだわ」と、あなたは大きくパワフルな声でそう結論づけました。

過去の瞬間が、空っぽの頭のなかでぶつかり合っています。自分の人生を再検査している間、そこまであなたを導いたターニングポイントとなった出来事が、突然リアルに迫ってきました。最後の数年の際限ない憂鬱《ゆううつ》感が「目的をもっている」という感覚に置き換わっていきます。葛藤が次々に解決されていくにしたがって、疲労感と高揚感が同時におとずれてきました。啓示はあなたの内から外側へとあふれ出します。

「私は善人だった」そう宣言すると、あなたの口からは光が流れ出し、天上の光が部屋とあなた自身を包みました。

「私はいつも他人のことを考えて行動してきたわ。和を乱さないように、いつも自分は後まわしにしてきたし。だって主を怖れ、十戒を守るように教えられてきたんだもの」

あなたの顔と胸からは常に黄金のエネルギーがあふれ出し、部屋を満たしている色彩に光沢を加えていました。

「だれかと交わした約束は、守るようにベストを尽くしたわ。人とは信頼でつながっていたし、失望することもなかった。だれかが約束を破ったり、神様に忠実でなかったときも、心からそれを許し、良き模範となってきたつもりよ」

輝きは突然、神秘的な光に変化しました。自己を批判し、判断する気持ちがわいてきたとき、胃のあたりがギュッと何かにつかまれたように感じて、あなたは痛みでからだを折り曲げてしまいました。そしてその後、疲労感に襲われたあなたは、ベッドに倒れ込み、無意識の眠りに沈み込んでいきました。

休息します。短い間に、なんとたくさんのことが起きたのでしょう。

今まで過ごしてきた人生。

なんて短かったのだろう。

わずかな時間。

無意識の眠り。

夢。

苦しみ。

歓び。

夢の中の夢。


天使のキスで目覚めたかのように、あなたは意識を取り戻しました。これ以上は輝けないほど、あたりは光に満ちていました。そして、昨日の出来事を思い出し、すぐに母親の様子を見に行きました。

「ちょっと待って、今日は何日だったかしら」

デジタル時計は16日の午前8時半、まる1日が過ぎていました。

すべてがはじまってから、もう何日も経ったような気がします。

「そうだ、ウィリアム牧師に電話してみよう。母さんの遺体のことを相談しなくては。父さんのときもよくしてくれたし」

向こうで電話のベルが何度も鳴っているのがわかりました。そして、受話器を置こうとしたとき、牧師の疲れた声が聞こえてきました。声に力がなく、思考も感情もまとまっていないといった様子です。突然、自分が牧師のことをよく理解していることに気づいて、びっくりしました。こんな感覚は初めてです。あなたには彼の精神を完全に把握し、ハートも感じることができました。長い間、あなたを霊的な道に導き、教えてくれたこの人に関して、すべてがクリスタルのように透明ではっきりと見えるのです。今までの長い付き合いのなかでも、今日ほど彼のことを、手に取るように理解できたことはありませんでした。牧師はこの深い混乱を鎮めてくれるヒントを、あなたから得ようとしているのです。

牧師が口に出さなかった、その問いに答えるあなたの声は明確で力強いものでした。

「牧師様、ついに歓喜の時が来たんですよ。ご存じでしょう？　イエス・キリストの再臨の時が来たんです。あなたがお話ししてくださったことが、今起きているんです。精霊の降臨です」

牧師のからだに走る震えが、あなたにも伝わってきました。

「牧師様、火による洗礼の時ですよ！」

「なぜ、そんなに確信がもてるんだい？」

人に安心感を与える、いつものソフトな彼の声が不信感と怒りでザラザラになっていくのがわかりました。

「みんなが電話をかけてくるが、ちっとも私の言葉をわかっていないじゃないか」

彼の言葉を聞きながら、あなたのなかに諭《さと》すような母性的な感情がわき上がってくるのを感じました。

「妻がいなくなったんだ、どこを探してもいやしない。家中探したのに、どこにもいやしない。きっとこの光のなかへと消えてしまったんだ。妻は君と友だちだっただろう？　彼女から電話はなかったかい？」

牧師は口を閉ざしてしまいました。

「もしもし、もしもし！」

いったい何を言ってあげられるのだろう。きっと今の牧師には、何を言ってもむだのように思えました。

「牧師様、さようなら」

あなたはそっと受話器を置きました。

もう、何もなすべきことはありません。すべて終わったのです。そして、テーブルの上のほう、昨日父親が母親の肉体から彼女を連れ出した場所を見つめました。あなたは母親のために歓びましたが、1人残された寂しさを感じ、少し悲しくなりました。

「私も父さんや母さんと一緒に行ければよかったのに」と涙があふれてきます。

突然、またフラッシュのような閃光に視界が奪われました。

「重荷を置き、私に心を委ねなさい。私の約束は成就する。今日あなたは私とともに来るだろう。私のそばに」

あなたの両親が消えていった祭壇のところに、美しい「存在」が現れました。その存在全体から、虹色の光が放たれていました。

「彼だわ！　イエス様よ！」

あなたは叫び、確かめるかのように周りを見回しました。この瞬間「彼」とともにいるのはあなただけでした。ぞくぞくする感覚が内側から拡大していきます。あなたは今「彼」とともにいるのです。神経質な微笑みが口からこぼれました。

「あなたなのですね！」

比類なき歓びがあなたを覆い、心には疑いのかけらもありません。

「天に上がれるのですね。信仰の篤《あつ》き者のために来てくださったのでしょう。みんなに知らせる必要がありますか？　ほかの人たちはどうなるのですか？」

純真な子供のような歓びが全身から流れ出しました。それは、まるで「故郷」へ帰ったような気持ちです。

「私は歌うたびに満たされた、この『イン・ザ・ガーデン』という歌が大好きでした。子供のころ、初めて聴いたときから、もう一度あなたに会えることがわかっていました。ずっと、私の手を取り導いてくださり感謝しています。本当にあなたを必要としていました。私は天国に行けるのでしょうか？　私は充分善行を施したのでしょうか？」

「信仰をもって、私のところにいらっしゃい」

歓びに満ちた声で、イエスはあなたに語りかけました。

「信仰をもって」

その瞬間、あなたのからだから、黄金の光が放射されました。振り向くと、母親の残された肉体にも同じことが起きていました。その母と同じようにあなたも、ベッドからイエスに向かって歩き出しました。ずっとあなたはこのときを求めていました。本当に幼い少女の頃から。自分と母の2つの肉体を確認しようと、ベッドのほうを振り返ると、そこには何もありませんでした。山頂のイエスにも起こったように、肉体は変容したのです。

はるか下のほうに地球があります。あなたは上へ上へと上昇し、記憶がうすれていきました。ふと深く美しい音が耳を満たしました。今までに耳にしたことのある聖歌隊全員が集合して、歓びにあふれた祝福の歌を歌っているようです。光のなかから、翼と流れるような衣が現れました。

何百、いえ何千もの天使たちが渦巻き状に偉大な星に向かって昇っていくのが見えました。あなたもそのうちの1人なのです。すべてを理解しているという気持ちが、翼の力で強められるような気がしました。あなたは奉仕する存在たちの仲間になるべく、さらに上方へと飛び上がりました。地球から高く上がれば上がるほど、あなたは拡大し、しかもいくらでも大きな存在になれるのです。そして安らぎに満ち、心の外もまた平和に包まれています。歓びは永遠です。長い間、なんとか「良き存在」になろうと、必死で格闘してきた人生の長い長い戦いの重荷を解かれ、そこにあるのは永遠の休息だけなのです。

12 days of photon ④

最初の３日間における
あなたのレスポンスのシナリオ／パターン③

突然、あることに気がつきました。

ここ数分ほど、あなたが口を開くたびに、

顔の前にクモの糸のように光った灰色の網がかかるのです。

「いや、違うぞ。この糸みたいなやつは、

巻きつこうとしてるんだ。

おれを窒息させようとしてるに違いない。

でも、見えないからだがそれを防いでいるんだ」

あなたはキッチンにたたずんでいました。昨夜の乱痴気騒ぎでついた、たばこやアルコールの匂いをからだから振り払おうと、そこら中に散乱したものを、無我夢中でキッチンカウンターに押しやりました。隣の部屋では、テレビのニュースが耳障《みみざわ》りな音量で、昨日の事件の詳細や犠牲者の数を伝えていました。飲み残しのコーヒーをレンジで温め直し、一口、口へと運びました。

「アチッ、ちきしょう！」

それでもその強い酸味が、からだに染みついたアルコールやたばこの匂いを追い払ってくれるようです。

約束されてはいるはずの天国にたどり着く前の、いつもの1日のはじまりです。今は朝の7時15分。

「わかったよ」

あなたはそうつぶやき、痩《や》せこけたネコをカウンターの上から払い落としました。ネコは無力な抵抗をするかのように鳴き声をあげ、ペット用のドアを抜け、外へと逃げ出しました。

応接間のソファに横たわっていると、トースターがどこからか射し込んでくる光を受けて、反射しているのが見えました。自分が立っている場所のほうが、なぜか光が強いように感じます。

「ふーむ」３６０度を同時にチェックできるかのように、あなたはぐるりと一回転してみました。

「いったい、どこから入ってくるんだ！」

大声を発し、このわけのわからない事態に苛立《いらだ》ちを感じました。ブドウのジャムを取ろうとキッチンを見たとき、突然、あなたはある事実に気づきました。トースターから出てくる光は、そこらじゅうに反射し、部屋全体を照らしていることを。すべてが光っている！

「ちきしょう、どうなってんだ……、おーい！」

あなたは奥にいた妻を呼びつけました。

「いったいどこ行ってんだ。今、すぐここに来い！」

あなたがコーナーを曲がると、妻がまるで幽霊にでも出くわしたかのように、廊下を後ずさりしてやってきました。彼女を取り巻いている、赤やオレンジや黄色の光の層が妻のからだを追いかけて行きます。あなたは自分を見て、同じことがあなたにも起こっていることを知りました。

妻は「どうしましょう！　いったい私たち、どうしちゃったの？」と叫びました。

「わかんないよ」

そう答えながらもあなたは、妻が恋人時代のようにすがりついてきたことで、官能的な感覚が走りぬけ、下腹部のあたりが熱くなるのを感じました。

「今牧師に電話してみるから、ここに座ってな」

あなたは「光っている広告」にはさわりたくないと思いつつ、イエローページをパラパラとめくり牧師の電話番号を探しました。確認しながらボタンを1つ1つ押すと、ピッポピッという音が頭の深い部分に響きました。

話し中です。リダイヤルを押し、呼び出し音を7つまで数えたあと、もう数えるのをやめました。

「留守だよ、ちきしょう。人が必要なときに限って、あのおしゃべりはどこにもいやしない！　同じことが起こっているかどうか、子供たちにも電話をかけてみるよ」

あなたは苦々しく言葉を吐き出しました。

「ジョン、何、これ？　どうしたっていうの？」

妻のからだは美しい赤い色にすっぽりと包まれています。彼女は腕を前に伸ばして、自分自身の手を見ています。そして、その日は答えを求め、あなたを見つめます。

「赤いわ！　赤いけど熱くないの。ジョン、私夢を見ているのかしら。ねえ、私、どうなっちゃったの？」

「そんなもん、わかるわけないだろうが。あのアホどもが、何かしでかして、空気をおかしくしちまったのかもしれない。あいつらのやることは、わけがわかんないからな！」

電話の向こう側から、娘の声がしました。

「今連絡しようと思ったところよ！」

彼女は早口で楽しそうに言い、「ねえ、父さんにも見えるの？」とわくわくした声で聞きました。

「見えるさ！　いったいお前のアホ亭主はどこに行っちまったんだ？　なんで電話に出ないんだ！」

「2人で、出かけようとしたんだけど、トレーラーが動かないもんだから、今裏から車を回してこようとしてるのよ」

娘の声が、急に疲れたように感じました。

「そんなばかなこと考えたのはどっちだ！」

あなたのからだを覆った光は真っ赤で、気のせいかその光は娘の家へと向かっているように見えました。

「おまえには何が起きてんのか、わかないだろ。共産党のアカどもがつくった爆弾の爆風かなんかかもしれねえぞ。今から行くから、絶対に家の外へは出んなよ」

「父さん来てもいないわよ。私たち、出かけるんだもの……」

妻が受話器をひったくり、こう言いました。

「ジョン、ちょっと横になってくる。もうたくさん！」

そして、受話器に向かって、「いい？　父親の言うことをきくのよ。トレーラーハウスから出るんじゃないわよ！」と言ったあと、返事も聞かず、乱暴に受話器を置きました。その勢いで、電話機が机から転がり落ちました。

あなたはふたたび、セクシュアルな衝動が突き上げてきて、「よし、ベッドに行こう」とできるかぎり、安心させるような声でやさしく妻の腕を取り、寝室へと連れて行きました。この奇妙な光が、せっかくのムードをめちゃくちゃにしなければいいと思いながら。

ところが寝室のすべて、部屋の隅に積み上げてある洗濯物や、半分枯れかけている窓際の観葉植物や、ベッドの横の雑誌など、あらゆるものが輝く光のなかにどっぷりと浸《っ》かっていました。

あなたは「7月号の姉ちゃんの小さな尻も、お前の尻みたいに光ってんのかな?」とぶつぶつ妻に向かって言いながらプレイボーイ最新号のピンナップを拾いあげました。

「こんなときになんて人なの! あんたの頭のなかは、女の裸しかないんじゃない」妻の声の調子に、雑誌をめくる手を止め、今は妻の胸にさわるのはやめようと思いました。

「その娘も、自分の写真をなでてるのがあんただとわかったら、さぞかし喜ぶことでしょうよ」

しっかりと目をつぶってあごに力を入れた妻は、反対側に寝返りをうちながら、言葉であなたにパンチを食らわせます。

あなたは、彼女がからだを完全に閉じてしまったことを察知して、

「最後までやらないからさ」

と心のなかで、妻が怒り出さないかと期待しながら囁《ささや》きました。怒ったとき、妻は興奮するからです。彼女の目にワイルドな、コントロール不能の光が宿りました。

あなたは彼女が発している不安に満ちた赤い光を避けるように背を向け、半身をずらし、妻のそばに大きなからだを横たえました。すると、散らばったさまざまな思い

のなかで、意識がぼんやりとしてくると、やさしく落ち着いた感覚が広がってきました。それはとても安らかです。こんなに静かな気持ちになったことは、ついぞありませんでした。

半分開いたまぶたに、カーテンの裂け目から射し込んできた太陽の光が降り注ぎ、壁に向かって流れながら7色の虹を生み出していました。じっとその輝きを見つめていると、今までに感じたことのない、美と畏敬の念が心にあふれてくるのを感じました。そして自分の意思に反して、喜び、美、そして畏敬の念を人生から遠ざけてきた気づきが、痛みをともなっておとずれました。その痛みをあなたの空っぽのお腹に感じたとき、いつものようにその招かれざる傷ついたフィーリングを奥へと押しやってしまいました。すると深いところから混乱した感覚が込み上げてきて、あなたはうろたえ、安らかな気持ちがこのパニック状態に追い出されてしまったのです。

そのとたんに、また安らぎが訪れました。すると今度は、安らぎがパニックにとって代わり、このめまぐるしい感情のジェットコースターが、次にからだを通り抜けたとき、あなたのばか笑いが部屋の静寂を破りました。汗が噴き出し、汚れたからだから立ちのぼる匂いがあなたを現実に引き戻しました。

時計を見ると、7時46分。これから仕事場で会うろくでなしたちのことが頭をかすめました。そのとたんに、激しい疲労感が襲ってきました。睡魔と戦いながらも、あなたはふたたびここ数カ月、いや数年の苦しさで満ちた夢のなかに引きずり戻されます。時がこぼれ落ちるのが感じられました。でも、どうしても目を覚ましていることができません。自分を取り巻く不確かさから逃れるために、自分のなかの小さく、しかも深い部分へとどんどん沈み込んでいってしまうようです。すべてが自分と切り離された、遠くで起こっている出来事のように感じられました。

向こうの部屋で、電話が鳴りました。すぐにそれが、娘からだということがわかり、なぜか泣いてるのがわかりました。まるで彼女が自分の心のなかにいて語りかけ、助けを求めているようです。半分夢のなか、半分目覚めた状態のなかでもがきながら、あなたはなんとか、ベッドから重たいからだを下ろし、床から発散する光が渦巻く部屋のなかを電話に向かって進みました。

「もう、こっちに向かってる最中だと思ったわ。だって、なかなか出ないんだもの。私、ちょっと怖いの」

娘は幼い子供のような声を出しています。

「ちきしょう、おまえのだんなは何やってんだ！」とそこまで言って、あなたは言葉を止めました。

そのあと、何を言おうとしているのか、娘が正確にわかっているのを感じたからです。娘の夫に向けたののしりの言葉を途中で止めようと思ったとき、ちょっぴり意地悪な感情があなたの心のなかを通りすぎました。

「父さん、トムはソファで気を失っちゃってるのよ。なんだか、恐ろしいことをつぶやきながらね。なんとか起こそうとしたんだけど、逆にぶたれちゃったわ。いったい何がどうなってるの？」

「おれもわけがわかんねえよ、仕事に行かなきゃならんのに、ちきしょう。給料減らされちまうぜ。お前も知ってるだろうけど、ボスはおれをクビにしたがってるんだ。みんなアホの腐れ野郎どもが！」

怒りで胸がいっぱいになり、胸の中心の痛みをかきむしりました。

「父さん、お願いだから落ち着いて！」

娘が懇願します。

すると、そのとたん落ち着きがおとずれたのです。

「いったい何のことだか、さっぱりわかりゃしない。おれが何か考えるたびに、それが映画みたいに頭んなかでぐるぐると回りやがる」

最近、薄くなってきたところを手でなでると、頭のてっぺんはひんやりとしていました。そのことであなたは、なぜか父親のことを思い出しました。そして、涙が出そうになるのをこらえながら、

「そっちのトレーラーも光ってるのか?」

と娘に問いかけました。

「そうよ、何もかもが光ってるわ」

少し間があり、彼女はこう続けました。

「でも、なんだか大丈夫って気がしてきたわ。だって、光っているだけで、何か害があるわけじゃないし……、ただトムが目を覚まさないってだけなのよ。車が動かなくなって、トムはホントに怒っていたの。それで、動くものに向かってめちゃくちゃものを投げはじめて……。それから、急に階段の上で意識を失っちゃったの、すごく変なのよ。それでソファまで、引きずってきたんだけど」

そして、さらに心配そうな声で
「そう、まるで酔っぱらってるみたいなんだけど、お酒なんか飲んでないのよ、本当に」と言いました。

沈黙が澄んだ空気を呼んだような気がしました。突然、あることに気がつきました。ここ数分ほど、あなたが口を開くたびに、顔の前にクモの糸のように光った灰色の網がかかるのです。

「いや、違うぞ。この糸みたいなやつは、巻きつこうとしてるんだ。おれを窒息させようとしてるに違いない。でも、見えないからだがそれを防いでいるんだ」

あなたはまた、頭をなでながら、大きな声でつぶやきました。

「ちきしょう！　締めつけてくるのがわかるぞ。でも目に見えない手で防いでいるんだ」

「父さん！　やめてよ。トムみたいな口をきかないで！」

娘が叫びます。

あなたの手のなかで、ずっしりと受話器の重さが感じられます。

「はぁ？　いや、ただ気がついたことを言ったまでさ。おまえ、しゃべるときに変なこと起きてないか？　そら、まるで……」

「私は大丈夫よ」娘の声に突然、落ち着きが戻ってきました。

「母さんはどうなの？」

「ベッドのなかの電球みたいさ」

クモの巣を振り払おうと、わざと大きな声を出して答えました。

「母さんが、悪いニュースをなんとかするのがうまいことは知ってるだろ?」

「これは悪いニュースなんかじゃないわよ。なんかわかんないけど、光ってるのを見るとうれしくなってくるの。たとえトムが気絶したとしてもね」

あなたに比べて、娘の声はずっと力強く響いています。

「父さん、だからハッピー……」

「お前に何がわかるってんだ!」

自分が理解できない事態に、娘が幸せを感じていることが気に入らなくて、どなりつけました。

「いいな! 外に出るんじゃないぞ。言うことを聞いて、家にいるんだぞ」

電話機は壁に当たって壊れました。

わけもなく、世のなかに対する言いようもない怒りがわき上がってきました。

「仕事なんかクソくらえ! あいつら、いつもおれの足を引っ張りやがって……。それにあの女ときたら」

妻のことを思い出し、2人を隔てている壁に向かってどなりつけました。

「このあばずれが！　いつも自分の思いどおりにしやがる」

投影された恨みから、うごめく虫のような感覚を受けます。

「あいつはおれからなんでも取り上げちまって、もう日干しみたいにカスカスさ」

次に、悲惨な子供時代のイメージが蘇《よみがえ》ってきて、あなたは思わず椅子に座り込みました。父親はやってもいないことで、あなたをなぐりつけ、母親は母親で、ある建物の裏で知らない男とキスをしていました。その男が母親のからだをさわり、大きな胸をはだけるのを見ながら、あなたは自慰をしたのです。

そして母親の入浴姿をのぞいた思い出。あるとき、見つかってしまい、母親に手を足の間の濡れた茂みに導かれたのを覚えています。されるがままのあなたはペニスを引っ張られ、気がつくと母親の唇を感じていました。その震える衝動とともに、あなたの快感は外へと飛び散っていったのです。

恐怖と怒り。

ホースで犬を殴りつけたこと。その犬が死んだときは可哀想に思ったっけ。

恥……。

感情の混乱。
非難。
家出。
雨のなかの一人ぼっちの自分。
寒さ。
暗闇。
ちきしょう！　探しに来てほしかったのに。

あなたは自分を傷つけた、両親を憎みます。
こうした葛藤があなたのからだを引き裂き、嫌悪感が視力を奪います。腹部に感じるひどい痛みで、あなたはぐったりと椅子に寄り掛かりました。「みんな大嫌いだと思いながら大きくなったっけ」。それからあなた自身の子供に対する罪悪感。娘に対しての性的な行為。

興奮のなかの深い恥の感覚。妻もしてくれないようなやり方で、娘に自分のからだをさわらせたこと。気持ちが悪くなってきました。わかっていたのに何もしなかった

「恥」。こうした恥が死をもたらすのです。

見る夢は、それまでの夢よりもさらにひどく、目を覚ますことができません。夢のなかで、恥のなかで迷い子になったのです。死があなたを引き裂き、罪を浄化してくれるのです。そう「浄化の罰」です。炎があなたの罪を燃やしてくれます。そうです。死です！

クモの糸があなたの顔をすっぽりと包み込み、肺からの空気を遮断します。すると今まで感じたこともないような温かいフィーリングが心のなかで爆発しました。あなたは輝く光のなかへと押し上げられたのです。頭のなかを雷鳴のような音が轟《とどろ》きわたり、あなたの想念をあらゆる方向へと放出させます。そして、トンネルです。

突然の静けさ。今までに体験したこともないおだやかさ。声がします。声が淀んでいます。暗くて見えないので、暗闇のなか、なんとか目をこらしてみます。あなたの両側には人々がいて、あなたのことを呼んでいました。彼らがいる端のほうへと招いています。あなたに一緒に連れて行ってほしいと思っているのです。何百人もの人々があなたの名前を呼んでいます。暗い色をした「影のようなもの」が立ってあなたを見つめています。笑顔。美人。カラフル。明るさ。セクシュアルな気分があなたを脇道へと動かします。性的な歓びがあなたの安らぎを引き裂きました。あなたの性器から、液体がほとばしりそうになりました。あふれ出る液体を止めようと、あなたはそれを抑えます。そんな夢のすべて。

雷の轟きが光とともにやってきます。笑っている女性の顔。あなたの顔に強く押しつけられた女性の胸。窒息。あなたは去って行く自分を感じます。死。浄化してくれる死。さらなる性的な興奮。精液の爆発。雷の轟き。押し寄せる光。脇道で迷ってしまったのです。あなたを引っ張る者たちの間で、道が見えなくなってしまいました。上方の光。下方の闇。罠《わな》にかかっています。動くことができません。

死がふたたびやってきました。痛みがあなたの心を切り裂きます。興奮した女性があなたをつつみ、あなたの精液を吸いとっています。すると突然、あなたは元気をとりもどします。自由です。押し寄せてくるフィーリングが、あなたが否定してきた人へと思いを向けさせます。また生命がからだから出ようとしているのを感じます。内側の奥深くへとあなたを追い詰めながら。

痛みがあなたのからだと心を占領します。苦しみが胸に広がりはじめました。それが顔まであがってくると、猛烈なかゆみが襲ってきます。かゆみは熱く、不安に満ちています。顔をかきむしると、それはさらに熱く不安は深くなり、生命は下半身から出て行きそうです。

今さわやかな風がふいたと思ったら、砂粒がいっぱい混じった熱い風がふいてきます。心と身体がこの死と生のぐるぐる回る輪にとらえられ、もう自由にはなれないことをあなたは知っています。

つま先にしびれを感じました。それは、じわじわと足から胴へ、そして頭蓋骨のほうへ這《は》い上がってきます。あなたは何も感じられません。何も。まったく何も。

＊　＊　＊

念を押しておきますが、12日間の初めの数日間に、個人がどのように反応するのかは、ひとえに本人が自分の葛藤をどれほど手放したいと思っているかにかかっています。古代の預言者たちは、この期間を「審判の時」と呼び、「そのときはすべての者がその『かたち』によって知られることだろう」と預言しました。このときこそ、1人1人すべての想念が現実化し、その人そのものが明らかにされるのです。

もし、あなたが初めの3日間、完全に意識を保っていることができたら、あなたは自己覚知、覚醒、そして光明《イルミネーション》を手に入れることができます。そして、生命の仕組みのすべてを知ることでしょう。何もあなたから隠されるものはありません。ほかの人が何を考えているのかさえも。

葛藤こそが、たった1つの障害です。これがユニティへのシフトの、唯一最も大切な側面です。内的葛藤にしがみついていると、それはストレスを生み、ストレスは病をもたらします。そして、病は死を連れて来ます。

ユニティへのシフトの期間、特に光の12日間の間は、あっという間に病気は重くなり、死を迎えます。もしあなたが具合が悪いなら、その病をつくり出している葛藤が何かが明らかになるように求め、即座に原因の葛藤を解放しなければなりません。忘れないでください。この「葛藤」とは、日常生活でどちらを選ぼうかといった日ごろの悩み事を言っているのではありません。ここでいう「葛藤」とは、パワーゲームの勝利者にのみ名誉を与えるこの世界で生き残っていくために、何年にもわたって自分の核となる信念をねじ曲げ、妥協してきた結果生まれ、抑圧されてきたものです。

あなたが内なる叡智、本質的な自己に反して生きていくとき、自分を取り巻く世界――家族、友人や同僚、共同体の人たちに恨みを抱きます。こういった恨みは、初めは「いやだな」という単純な思いですが、それがどんどん積み重なっていくのです。

まず自分自身を許すことが最初のステップです。あなたが感じた気持ちは間違ってはいませんでした。それはあなた自身のフィーリングなのですから。たとえほかの人があなたの気持ちや、その気持ちの解釈に同意してくれなくてもです。あなたの気持ちをちゃんと理解できないからといって、相手を非難した自分を許しましょう。理解してくれなかった相手を許すことは、さほど重要ではありません。彼らがあなたのことをどう思っているかより、あなたが自分自身をどう感じているかのほうが、ずっと大事なのです。

第2のステップは、パワフルでありながら、力《フォース》ずくにならないことです。パワフルな人とは、良い聞き手であり、相手に完了をもたらします。ほかの人の理解や、達成を助けるとき、私たちは満たされます。これこそ幸せへの鍵です。

「成功」は決めたゴールに到達したり、ある状態を獲得したりすることですが、幸せは人生の状況や条件がどうであろうと、心が満たされているということです。このような人こそ、真にパワフルな存在です。ゴールに関しては、無私であり、状況に喜びを感じます。

私たちがリーダーという立場にあるなら、自分が影響を与える人がよりパワフルになれるようにしなくてはなりません。

12 days of photon ⑤

5次元へのシフトで、
視覚と認識力が超拡大する

あなたが思い描くように、１日目は色と香りとサウンドであふれたドリームランドのようです。
この世界の真実を何千年来、初めて目にするとき、
コントロールできない感情の波があなたを不安定にします。
ですから大切なことは、
似たような考え方をする人たちと一緒にいることです。

「主の大いなる日は近づいている。極めて速やかに近づいている。聞け、主の日にあがる声を……」

ゼファニヤ書第1章14節

光の12日間にたった1つ変化するのが、物理的な現実を感覚的にとらえる私たちの知覚のみであることを知っておくのは重要です。私たちの五感は統合され、1つの感覚として働くようになります。これまでは、各感覚は個別に特化していました。

それぞれの種は、通常の知覚可能な領域を持っています。色が見える種もあれば、色を感じない種もあります。反射光だけでなく、赤外線領域まで見える種もあります。一方嗅覚や聴覚が支配的に優勢な種が存在します。人間は、視覚が優勢なのですが、その能力は極めて狭い範囲に限定されています。ですから、視覚能力が拡大することは、ほとんどの人にとって、圧倒されてしまう出来事なのです。

光の12日間の間に意識に起きるもう1つの事象は、魂意識が身体感覚意識より完全に優位に立つようになることです。より拡大した感覚に目覚めていくと同時に、人間という形体に宿った魂である自己に、真に気づいていきます。

この意識の変化は、叡智《ノウイング》にもう1つの次元を加えます。叡智は証明を必要としません。私たちは、なぜかわからないけれど、すべてにおいて、だれが、何を、いつ、どのようにしたかが「わかる」ようになるのです。

これは深い混乱をもたらします。特に、極端に低い自尊心の持ち主にとっては。自分はOKだと感じるために、外側からの承認を必要とする人は、このような「叡智《ノウイング》の状態」にもがくことになるでしょう。叡智に関する葛藤を手放し、自らを承認する許可を自分に与えるなら、制限のある信念や観念をすばやく解放することができます。

「光がすべての場所、そしてすべてのものから輝き出す」という表現はすばらしく控えめな表現です。3日目の終わりには、地球は核融合を起こしているどんな星よりも輝いて見えます。だからこそアカシックレコードには、このイベントが「光の12日間」として記録されているのです。12日の連続した期間、「創造の中心」からやってくる目に見えないエネルギーが、私たちの意識を5次元へと変化させていきます。集合意識が、時間をベースにした4次元的意識から歓びの存在である5次元レベルへとシフトするにつれ、「日常的な空間の幻想」が消えていきます。

1人の例外もなく地球上のすべての人々が、「12日間」がはじまったときには、何かとてつもないことが起きているということに気づくはずです。初めは属している文化によって、さまざまな体験が起こります。特に教義にがんじがらめになった宗教を信じている人たちの多くは、混乱することでしょう。

「外側からの承認」対「自己の内側からの承認」、「神」対「悪魔」、「善」対「悪」が対立するユダヤ・キリスト教や、イスラム教的な宗教活動は、人々の内面や外面にも痛みをともなった葛藤を生み出してしまいます。

信者たちは、それぞれ尊敬する聖職者のところに駆けつけて、説明や指導を求めることでしょうが、満足な解説や説明ができる宗教的リーダーはほとんどいません。彼らの多くが、霊的にも大混乱をきたしているのです。それは自ら人々に教えてきたことの奥に隠されていた「大いなる真実」に、本人が今までに1度もふれたことがなかったからなのです。

教育レベルと社会経済の状態は、ある程度12日間の体験に影響を与えます。主な理由は、貧しい人や教育を受けていない人々は、意識を探求するゆとりがない場合が多く、迷信や神話にとらわれているからです。しかし、ここで問われるのは、いかに自分が抱える「葛藤」を心から手放したいと思っているかどうかであり、人生のゲームにいかに勝つかの能力ではありません。貧しい人や教育を受けていない人のほとんどが、公民権を奪われ、生き残るために格闘しています。

「執着もせず嫌悪もしない。ただ中道をきわめよ」と、釈迦は、生きて行く上でのヒントを与えてくれています。

初めの3日間の主な特徴は、基本的にはシナリオ①で述べたとおりですが、もう少し詳しい説明を加えたいと思います。特に3日目と4日目の間に関してですが、それは5日目から7日目に起こる、ある出来事に関連して、とても重要な役割を担っています。

説明は簡潔ですが、12日間の間、完全に目覚めている者にとっての非常に大切なデータを、これからお話ししていきたいと思います。

第1日目

最初の日、私たちは物質世界をかつてない形で体験します。太陽の光が物質の分子に当たり、その反射光が目に入ってくるのではなく、すべての物質の中心から発散するエネルギーそのものを完全に体験することになるのです。実は地球上のほとんどの生き物には、世界はすでにそのように見えているのです。ですから、あなたが急に美しくなったからといって、ペットが驚いて飛び上がるだろうとは思わないでください。私たち人間という動物だけが、錯覚にとらわれ「わざわざ好んで」はっきりとした輪郭線を見ているのです。そのほうが、テクノロジーや科学や芸術を追求していくうえで少しばかり便利だからというだけにすぎないのです。

また、時間が過ぎていくにつれ、光の強さがどんどん増していきます。そして、透視能力者だけでなく、すべての人々がオーラの感触やその質まで、体験できるようになるのです。1日目の終わりまで、意識をはっきりと保っていることを選んだ人々は、この世界は観察と情報でなりたっていることに初めて気づきます。サバイバルを主眼にした3次元、4次元のパターンから、創造性に満ちあふれた知性的な3次元、4次元、そして5次元へと意識がシフトしはじめると、すべてが多次元的な存在であることが認識されます。色は音と味と香りをともない、音は色彩と味と匂いを放ちます。また匂いは色と光を運んできます。

そのなかでも視覚が最も大きく変化します。今と同じように、視覚によって物事を比較することができ、無生物は4色のはっきりとした光線を放ちます。「土（大地）」に関わるもの、すなわち鉱物性のものは主に黄色の光を発し、「水」はおおむね白色の光を、燃えているもの、「火」はすべて目もくらむような赤色光、そして大気を構成しているもの、「風」は真珠のような光沢をともない、青緑色にまばゆくゆらめきます。

人間のからだは、7つの中心となるチャクラから、7色の光が虹のように層をなして輝き出します。意識がある想念エネルギー帯に属する思考をもつと、虹の7色のオーラの上に、さらにその想念を支配する色彩が重なり、オーラの光がより輝きを増します。このからだを取り巻く色彩の輝くフィールドこそ、私たちの生命力の表現です。それは感情のエネルギーが、想念に注ぎ込まれることによって起こります。

自分のなかにそれほど深くない軽い葛藤やコントロールの問題を抱えている人々は、この光の12日間、その人を支配している色彩フィールドが激しく気まぐれに変化することでしょう。これまでのすべての転生における未完了の避けられない出来事（イベント）を振り返りながら、今生《こんじょう》の内的葛藤や、未解決の過去世からの課題が抑圧してきた感情が、色彩の波や、動的なエネルギーとなって解放されていきます。

こういう人々は、はたから見ると生きようとして必死にもがいているように見えますが、ほとんどの場合、影響はエーテル体にのみとどまって、物理的な肉体はあまり害を受けません。

3番目のシナリオに描かれていたような、非常に深い葛藤を抱えている人々は、おそらく3日目の夜までには命を落とすことになるでしょう。それは葛藤によって生み出されたストレスが、もうすでにダメージを受けている内臓器官を、さらに破壊するからです。

完全に意識を保っている人々は「無意識の分裂症」の状態から、これらの人々を引き上げて、死がおとずれるのを防ぐことができます。葛藤にもがいている人をどうしたら救えるのかは、学ばなくても自然にわかるようになります。「救済者」の愛にあふれる共感する気持ちが、葛藤のエネルギーを明晰さへと拡大するからです。

一方、動物たちは比較的安定した感情のフィールドをもっていて、世界と自分との関係を個人的にはとらえることをせず、自分たちの存在意義を批判したり判断したりしません。したがって、動物のオーラの主な色はあまり変化しないのです。動物にとっては、エネルギーシフトが訪れても、現実に変化するものは何もないかのようです。

世界は今までも光り輝いていました。動物たちの9つのチャクラは、人間と同じようにカラフルに輝いています。ですから、あなたの子供がネコに「レインボウ（虹）」と名前をつけようとしたとき、「そんな変な名前をつけるのはやめなさい」と言ったのなら、謝る準備をしておきましょう。

けれども、動物でも、感情のエネルギーは想念に影響を与えます。特に、獲物を狙っているときにそれが起こります。また、リビングルームの日溜まりで眠っているネコが夢を見ると、そのオーラが変化します。ですから、ペットのご機嫌を確かめるチャンスはあるはずです。

言うまでもなく、動物は人間の影響を受けています。それは動物たちが、飼い主のストレスを進んで受けとめているからです。ですから初日の初めの数時間は、動物たちに注意を向けてあげる必要があります。「12日間」の出来事が進むにつれ、飼い主のストレスが、動物の命を奪うことがあるのです。

どのペットと人間の関係でも、お互いに内面のイメージや身振りで意思を伝え合っています。犬は喜ぶとみんなシッポを振るかのように見えますが、シッポを振っているからといって「幸せな気持ち」を表しているとは限りません。動物も飼い主と同じく環境に責任をもっているのだという知識をもってください。共感と理解さえあれば、飼い主にはペットとコミュニケーションをとる方法が直感的にわかるはずです。

自分と人間との関係は対等だと思い、人間を所有しているのだと思っている動物はほとんどいないはずです。特に都会に住む動物は、心に安らぎを与えてくれる植物が必要となります。少なくとも、植物のエネルギーを水に転写したフラワーレメディを用意しておくとよいでしょう。

家庭の小さな植物は、根からは黄色を、そして花をつけているかいないかにかかわらず、上のほうからは紫、またはラベンダー色を発します。大きな植物は動物と同様に色彩が層になりますが、多色の虹色ではなく、優勢な色の濃淡で彩《いろど》られることでしょう。あなたは動物たちが（あなたもその一種ですが）、そして植物たちがコミュニケーションをとる方法に、びっくりするに違いありません。

植物は動物のオーラと、感情によって増幅された、人間の想念エネルギーに深く影響を受けます。花や実をつけていない植物の前に立ち、それが花をいっぱいにつけたところをイメージしてください。すると、それがどれほど早く実現するかに驚かれることでしょう。植物もまた感情エネルギーを生み出しています。そのエネルギーは動物たちに安らぎを与えるのです。12日間、目覚めている人々は日が経つにつれ、植物が地球上のすべての生命体にとって、どれほど不可欠な存在であるかに気づくはずです。

最も驚くべき植物は戸外の大木です。1本の木の凝縮された意識は、ほとんどの人間にとって、理解することは大変難しいのです。大きな樹はすべての生命に対して、はかりしれない寛容さをもっています。おそらくそれは樹々のもつ長い寿命のせいかもしれません。あるいは、1つの場所にずっと根を下ろしながら、生き残っていく方法として寛容であることを学んだのかもしれません。樹はこの地球次元の、真に高貴な存在なのです。

あなたが思い描くように、1日目は色と香りとサウンドであふれたドリームランドのようです。この世界の真実を何千年来、初めて目にするとき、コントロールできない感情の波があなたを不安定にします。ですから大切なことは、似たような考え方をする人たちと一緒にいることです。よくわかり合っている人たちと一緒にいると、自然と気持ちも高まります。それが、初めの2日間の重大な時期を乗り切る力を与えてくれるのです。

第2日目と第3日目

色、音、そして香りは真昼ごろまでに最高潮に達します。そして、2日目の早い時間帯には、想念がすぐに形をとって現れようとしはじめます。想念エネルギーは、今までのようにぼんやりとしたエネルギーの波としてではなく、物質の場で、すぐに現実化するものへとシフトするのです。初めは視野の端で光がきらめくように感じる現象として現れますが、3日目の終わりごろには、あなたの思い描くすべての思考・想念が現実化するようになります。

この時点が、魚座の時代の古い想念システムに留まっていたいと思っている人々にとって、分かれ道になります。魚座の時代には想念が現実化するまでに、時間がかかりました。古いシステムにいる人にとって、思ったことが物質となり、考えたとおりに現実化するなどとは、夢のまた夢なのです。また、彼らは学ぶということは、機械的に一字一句を覚えながら苦労しなければならないと信じ、実際にそうしてきました。でも「12日間」の体験が受け入れられず、無意識に陥ってしまう人にとってさえも、トライ・アンド・エラーを繰り返しながら学ぶ従来の方法は、ただ「わかる」―

Knowing」という新しい形と、最終的には交替します。「すべてを知る者は神以外にはあり得ない」つまり自分がすべてを知るわけがないのだと信じている人々が、無意識に陥るのです。

2日目の終わりまでに、今までの枠組みではとても対処できないほど、大量の情報に見舞われ、無意識になることを選択する人も次々に現れます。それはこのパラダイムシフトを、目覚めた状態では迎えられないということです。その結果、自分が5次元的な意識をもった存在になったことに気づかず、「光の12日間」が訪れ去ったあと、自分が5次元の存在として機能できることを理解できません。そして、新しいシステムのなかで、無理に古いやり方を続けようとするのです。ただし、少なくとも2036年までの25年間だけはそうしていることが可能なのです。

この2011年から2036年までの25年間、無意識であり続けた人々の意識もみな、次の1万3000年間ずっと行われることになる「新しいゲーム」の計画に従わなければなりません。その計画の一部はこの地球上で実行されます。それから、集合意識はそのゲームにふさわしい新しい次元を見つけ出すことでしょう。

アカシックレコードによれば、人類意識は西暦6732年に地球を離れることが示されています。したがって、1万3000年ごとのエネルギーの波が、人類意識に影響を与えるのは今回が最後です。だからこそ、地球がこれほどまでに人口過剰になっているのです。私たちは皆、この最後のチャンスを体験するために、地球上に存在することを選んできたからであり、それが難しければ少なくとも地球のエーテル体にとどまろうとしているからなのです。

3日目、完全に意識を保っている人は、今までの未解決の問題をすべて解消し、人類の「集合意識」から自由になります。そして次のレベルである「光明」と「解放」に向かうのです。初めの3日間にヴェールを脱いだ新しい力は、12日間が過ぎたあとも失われることはありません。もう2度と、集合意識のなかにとらわれたまま、無意識状態に陥ることはないのです。

想念がすぐに現実化することに耐えられず、無意識になった人は、そのまま自己を顧《かえり》みる深い作業を続けることになります。自己吟味はコントロールの利《き》かない状態で、夢から夢へと移っていく形で行われます。このプロセスは10日目から11日目まで続きますが、途中何度か、空気を求めてイルカが上がってくるかのように夢から目覚め、トイレに行くことでしょう。運のいいことに肉体は習慣の奴隷なので、あたかも夢遊病のごとくうまく行動してくれるのです。

すべてではないものの、深い葛藤を抱えている人々のほとんどが、このときまでに肉体を去ってしまうことでしょう。深い葛藤が生み出した分裂症のような想念が、すぐに自分の周りに現実化し、それがつくり出したエーテル体の亀裂や分裂は、もう肉体にとって手に負えなくなっているのです。

彼らが肉体を去ったあとは、「12日間」がもたらす「バランス」を体験することになります。いわゆる「地獄」という概念が当てはまるような場所、下位アストラル界で、自分の悔い改めるべき行為と向かい合わなくてはなりません。それは、つまり悪夢から悪夢へと移っていきながら、罰を受けることによって自らを浄化しようと努力し続けることを意味します。

12 days of photon ⑥

アセンションとキリスト再臨《Rapture》

アセンションはただ集合意識の外へ出て、

物理的な肉体から純粋なエネルギーのからだへ返ろうと、

あなたが選択したその瞬間に起こるのです。

アセンションの概念は、集合意識の奥深くに

しっかりと植えつけられているのです。

アセンションそのものに関する特別なテクニックなど、

実はいっさいないのです。

（Rapture：天から地上への帰還の途中のキリストと、

中空で出会うと信じられている、キリスト教における歓喜の体験）

「また、わたしが見ていると、見よ、白い雲が現れて、人の子のような方がその雲の上に座っており、頭には金の冠をかぶり、手には鋭い鎌を持っておられた。すると、別の天使が神殿から出て来て、雲の上に座っておられる方に向かって大声で叫んだ。『鎌を入れて、刈り取ってください。刈り入れの時が来ました。地上の穀物は実っています。』」

ヨハネの黙示録第14章14節・15節

この部分が光の12日間の預言において、最も難しい側面と言えます。3日目と4日目の間、夜間に最初のアセンションの波が訪れます。この3日間目覚め続け、アセンションこそ人類の意識の次のステップだと信じる人たちが、物理的な肉体を本来の姿《フォーム》であるピュアなエネルギー――輝くピーチゴールドの光へと戻すのです。

ここ15年ほど、世界中で多くのグループが、アセンションのプロセスを積極的に学んでいます。本来の純粋な光に帰ろうという現代の考えは、約2000年ほど前からはじまりました。そして、霊的な道を求める多くの人々は、イエス・キリストが見せてくれたように、「約束された永遠の命」へ到達するためのプロセスの中心に、アセンションを位置づけています。

でも安心してください。肉体をアセンションするために、イエスのように公衆の面前で辱《はずかし》められたうえに、十字架にかけられる必要はないのです。

アセンションは私たち魂意識が、地上のホストである自分の肉体にプレゼントする贈り物です。魂は次元上昇《アセンション》するわけではありません。トライアードと呼ばれる私たちの魂意識は、永遠不変で純粋なエネルギーです。どのような転生を過ごしても、決して汚れることはありません。

そしてトライアードは、進化する身体意識であるダイアードに、進化のプロセスから出て、安定したピュアなエネルギーとして存在するため、魂になるチャンスを与えるのです。

創造のはじまりの瞬間に、2つの生命形体が生まれました。

第一の存在のトライアードは、永遠不変で一定の存在であり、変えたり、何かを付け加えたりすることはできません。トライアードは創造を観察する側面であり、創造主の意識とも言えます。地上では「魂」と呼ばれています。

もう1つは、ダイアードと言われる進化するエネルギー形体です。ダイアードはただ、「創造主―創造」のヴィジョンを満たそうとします。進化する物質はその形体が複雑化するにつれ、感覚意識を発達させていきます。それは自身の形体が消滅したあとも生き残り、前回の記憶を携えて、次の形体の形成を助けます。

私たち人間は、永遠不変の魂の意識―トライアードであり、進化する物質的肉体であるダイアードに宿っています。ダイアード意識（身体意識）は肉体が死亡した後も存続するため、ＤＮＡのエネルギー情報を携えながら、転生から転生へと生まれ代わります。

この2つの非常に異なったエネルギーが完全に一つに統合されていくプロセスが覚醒のプロセスです。2つが完璧に統合されたとき、ダイアードはアセンションして純粋なエネルギーとして、魂を獲得することができます。

個人がユニティへのシフトするこの期間中にアセンションをするなら、同じ形の肉体に留まるという選択肢があります。その場合はアセンションをする前に、ダイアードが自ら同じ形体を現実化し、そのダイアードをトライアードが使うことになります。現実化した肉体を、もうトライアードが必要としなくなったとき、その身体意識――ダイアードは自由になり、魂を獲得したダイアードソウルとして、新たに肉体を得るのです。

イエスが自分の肉体を得るために、マリアの中に肉体を宿らせたように、1度は自分の身体を自ら形成します。

ライトボディを獲得するための（アセンション）研究は古代へとさかのぼり、今や何を食べたらいいのか、その料理法は、そしていつ、どのように呼吸するのかまで、ありとあらゆる領域に広がっています。多くの人々が、何百回も転生を繰り返すほどの長い間、アセンションを追求し続けてきました。それは集団瞑想、チャンティング（詠唱）、それから1970年代と80年代に行われていた感情を解放するワークなどを通してですが、このワークはアセンションのテクニックを教えるという名目で、今ふたたび行われるようになりました。これにはなんとか参加料金を払える人々が受けているのですが、ときには大変高額なものもあるようです。

ここにさらにうれしいお知らせがあります。アセンションはただ集合意識の外へ出て、物理的な肉体から純粋なエネルギーのからだへ返ろうと、あなたが選択したその瞬間に起こります。アセンションの概念は、集合意識の奥深くにしっかりと植えつけられているのです。ですから、アセンションにいたるまで、意識の集中を助けるようなテクニックなら少しはありますが、アセンションそのものに関する特別なテクニックなど、実はいっさいないのです。

2011年から2012年までの、1000年の波の中心ポイントで、意識を完全に保っている人々は皆、その瞬間、自分がアセンションするか否《いな》かを知るでしょう。

もう1つのポイントですが、多くのグループが、特定のパワースポットがアセンションするには良いと述べています。けれどもアセンションはトライアード（魂）とそのホストであるダイアード（身体意識）の間で選択される問題です。場所は、商売をするときにはとても大切ですが、あちらのほうがこちらより向いているなどという地理的な差は、アセンションに関する限りはありません。今、あなたが立っているその場所こそが、神聖なる場所なのです。

現在、アセンションを学んでいる人たちのほとんどが、3日目と4日目の間に地球を去ります。そして2015年に戻ってきて、アセンションの第2の波を活性化するでしょう。

第2の波は2019年初頭までの約3年間続きます。世界人口のほとんどが、最終的にこういう形で地球を去ることになります。けれどもこの動きは2015年から最後のアセンションの波が起きる2026年までは、ペースが落ちるでしょう。この3

回目で最後の波が人類の意識と時間／空間との関係性のターニングポイントになるのです。

クリスチャンはこの出来事を、ついに聖書で約束された歓喜の時、キリストの再臨が訪れたのだととらえます。

主流のキリスト教の信者たちは、12日間がはじまった初日には、光があふれる初めの数時間が過ぎると、とるものもとりあえず、すぐに教会へと駆けつけることでしょう。

ところが、神父や牧師は自分のことで精一杯なのです。いったい世界に何が起こっているのかと問いただしても、答えられません。おそらく、おきまりの「主の御業は、謎なのです」と繰り返すだけでしょう。

妄信的な信者を食い物にして、お金を巻きあげ、自分の懐《ふところ》を肥やしている俗物の似非《えせ》聖職者は、真の神の言葉などほとんど知らないに等しいのです。もっとも、都合のいいときに引用する聖句だけは別ですが、お金をもうけるために、救済を約束した聖職者たちには、非常に興味深い結果が待っています。葛藤が彼らを生きたまま飲み込んでしまうでしょう。

でも、安心してください。このようなリーダーのあとについていってしまったからといって、彼らと同じ運命をたどるわけではないのです。きっとほとんどの信者が、ここ数年本当によく耳にした再臨《ラプチャー》……「歓喜」のなかでイエス・キリストに出会い、アセンションすることでしょう。

イエスは約束を果たすのです。長い間、ひたすら愛し続けてきた師、主イエスに実際に会えるとは、なんという驚きでしょう。

キリスト教の真の神秘家たちは、主流のクリスチャンの動きの隅に追いやられます。有害なカリスマ的カルト信者や福音主義者たちも、皆集まって、彼らの主であり救い主であるイエスとともに、同時に大勢でアセンションします。信者たちはこういう出来事が起こることにあらかじめ気づき、「終わりの時」についての情報をいろいろと得ています。終わりの時のしるしを知り、準備もできているのです。

これらの宗教的ネットワークの師や牧師たちは12日間がはじまると、すぐにギアがトップに入ります。彼らによれば、これこそ『黙示録』で示されていた「火による洗礼」なのです。3日目が終わるころには皆、心の底から「主よ、主よ」と叫びながら、マタイによる福音書第6章の2節から8節に記されているように、神の国へと上げられるのです。

思い出してください。すべての想念が現実化するのです。あなたの信念が深ければ深いほど、3日目の終わりにはすべてあなたが信じているとおりになります。クリスチャンにとって、「救い主である主」とともにあることこそ、心からの深い望みなのです。

世界のキリスト教以外の宗教においてもまた、古代の預言者の預言が成就するはずです。これらの宗教の中心で、深く神秘的な実践を行ってきた人々は、高次元の叡智の存在へと移行します。献身的な仏教徒は、仏陀が約束した涅槃《ねはん》に入ります。神道を信じている人々は、完全なる「光明」の状態を得るでしょう。ただ塀に腰掛けたまま、口先だけの信仰に終始していた人々は、12日間、無意識に陥るだけの充分な葛藤を経験することになります。

ただ興味深いことに、狂信者は心の内側に葛藤がないのです。12日間の間、エネルギーを直接的に体験し、完全に覚醒した者のもつすべての能力を手に入れることになるでしょう。

12 days of photon ⑦

12日間の
第4日目／第5日目／第6日目の様相

今までは生存していくために、地球のエネルギーに頼り、

制約のある内臓器官が肉体を動かしていました。

ところがシフトのあとは、

宇宙に豊かに満ちあふれる精妙なエネルギーが維持する

エーテル体へと変化します。

6日目はほとんどこの大きな飛躍に適応するために

費やされることになります。

「さて、第七の天使がラッパを吹いた。すると、天にさまざまな大声があって、こう言った。『この世の国は、我らの主と、そのメシアのものとなった……』」

ヨハネの黙示録第11章15節

第4日目

この4日間、アセンションをしないで、眠らず、食べ物も口にしなかった人々は4日目に、自分の世界に対する認識が顕著に変化したことに気づきます。この時点で、すべての葛藤が終わり、判断を下すことや人との比較など、すべてが意識から消え去ります。そして、過去と未来に向いていた意識の焦点は「今、この瞬間」へと集約します。それは「神秘」を探求していくなかで、いつも手からこぼれ落ちてしまった、あの「永遠なる今」に、です。

完全に意識を保っているには、ただ疑いとそれに続く葛藤を手放すだけでいいのです。したがって、4日目まで目覚めている人のすべてが、「12日間」のはじまる前まで悟りをひらいたリーダーのように行動してきたわけではありません。彼らは何を信じていようとも、そのことに疑いさえもっていなければ、信念に従って、思ったことを現実化することができるのです。

宗教的な深い信念は、多くの人々を行動に駆りたてることでしょう。例えば、無意識に陥っている人たち、特にシナリオ③に描いたような、罰を通して自分を浄化しようとする人々を救うことが、自分の使命だと感じている人たちがいます。これら「救世主」タイプの人々は、無意識の人たちを直接助けて、集合意識が一体化するのを早めようと試みます。これは少なくとも崇高《すうこう》な目的だと言えるでしょうが、結果は場合によってまちまちです。極端な例としては、この時点である人をむりやり目覚めさせようとすることは、未解決の葛藤を完了させようとするその人自身のプロセスをじゃますることになり、逆に何年も続く苦闘をもたらしてしまうこともあるのです。また、愛する人や家族を、無意識の状態から引き上げようとする人たちもたくさん現れるはずです。

さらに、これらと別のタイプの救世者もいて、自分のためにエゴイスティックな目的で人を目覚めさせようとするでしょう。それはほかの人の魂を、生と死の輪から解き放とうという高次元の意識からではなく、無意識のグループの人々に働きかけ、ある種の信念体系へ取り込もうとする動きです。無意識状態を選んだ人の大多数が「光の12日間」がすんだあと、人生のいろいろな悩みにすぐに応え、解決してくれるダイナミックな力をもったこういうタイプの救世者に、自ら進んでついていってしまいます。こうした無意識のグループは、意識を保ちながら自分についてくる信者を求める人たちの格好の餌食《えじき》となります。そして、その人たちが払う代償とは、12日間の出来事のあとも同様で、魂の「自主独立」を売り渡してしまうことになるのです。

そのほかにも、自分たちが理想とする「共同体」をつくるために、人々を導かなければ、と考える人たちも出てきます。このような人たちは今まで、周りに溶け込めないと感じていた人に多く見うけられ、社会のなかで疎外感を抱いたり、消費が中心の世界の価値観についていけないと感じていた人々です。ここで言う共同体とは、19世紀の終わりに現れたユートピア・コミュニティ（理想共同体）の概念に近いものです。19世紀末には、ユートピアを目指す理想主義者たちが、権力闘争と貪欲《どんよく》で狂気に陥っている世界を解放しようとしていたのです。

１９００年が明けようとする年の大晦日に、次の50年間に起こることをのぞいて見たとしましょう。

世界戦争、世界的な飢饉《ききん》、政治や経済の崩壊、地球規模の自然災害、そして、最後にスピリチュアリティの衰弱。あとから考えれば、そのことがたとえ共同体での極端に質素な生活を意味するにしても、ユートピアを目指す人々が世の中から離れたいと思ったのは無理もなかったと言えるでしょう。

２０１１年から２０２０年までは、同様に同じような考えをもった人々が共同体《コミュニティ》で、同じ目的を分かち合いながら生活するようになります。こういったコミュニティは、新しい世界ではすばらしい価値をもつことになります。

古い「魚座のパラダイム」から、新しい「水瓶座のリアリティ」へのシフトは、死と正義の上に建設されたこの世界に住む私たちに、多くの代価を求めます。けれども安心してください。アセンションをせずに地上に残ることを選択する人たちも、20世紀の前半の50年間に支払ったような「厳しい代価」を要求されることはないのです。

もう1つ、あるユニークなグループが現れ、人類は思いがけない展開を迎えることになります。この「仲間」は非常に長い間、地球に影響を与えてきたのですが、今までは決して、直接的に介入してくることはありませんでした。ところが２０１１年の初め、おそらく1月になると思われますが、宇宙からのエイリアンのグループが、人類にその存在を告げるはずです。ＣＮＮがなかったら大変です。

ついに、彼らは今まで隠れていた宇宙のクローゼットからやっと出てくるのです。そして、特定の宗教や思想をもたない人々のために、12日間のイベントを過ごすとき、どのように意識を保っていればよいのかを伝えようとします。

エイリアンたちはどの次元であれ、あらゆる「可能性のヴィジョン」を生み出す確固とした信念をもつことの大切さを理解しているのです。私たちがピタッと照準を定めることのできる「可能性」です。

エイリアンは何十億年もさかのぼる歴史について、また「創造主」について話をします。そして、この創造主は私たち意識をもった存在の1人1人の魂に刻みつけられているのです。西欧の宗教は彼らの「進化する神」の概念に驚き、尻込みすることでしょう。

また、圧倒的な証拠を示されるにもかかわらず、信仰熱心な人は「霊魂創造説」に固執します。エイリアンは時間と空間に関する概念を解説しますが、現代物理学にしがみついている科学者たちは戸惑い困惑します。

信じようとしない、あるいは信じたくない人々にはいっさい、自分たちのパワーを押しつけようとしないエイリアンの態度に、世界のリーダーたちはフラストレーションを感じます。結局、エイリアンの真実性と意図をめぐって、世界は大きく分かれることになり、12日間のイベントのすぐあとに、エイリアンの提案を受け入れた人々は、宇宙船に乗り込み故郷のプレアデスへと向かうのです。

第5日目

では、主題をもとに戻しましょう。

5日目になると、意識を保っている人々は思考や想念がエネルギーではなく、物質として表現されることに慣れてきます。そして、現実の世界で、夢のなかのように行動を続けます。また、物質を今までと違った形、つまりオリジナルのエネルギーの渦である「ヴォルテックス」として体験しはじめます。物質はエーテル体が渦巻き状のパターンを生み、それが形を形成します。

簡単な例をあげてみましょう。塗料を塗ったテーブルがあります。そのテーブルを単純に見たり、感じたりするかわりに、私たちは、テーブルの上の塗料を体験し、塗料が接着している木のテーブルの表面、木を構成している繊維、繊維を構成している分子、分子が生み出す聖なる形、その形が木の繊維を構成していること、そして、そのプロセスをスタートさせる指令のすべてを同時に体験するのです。

また、意識の焦点を絞るだけで、オーラなど、個々のエネルギーの層もすべて体験できる能力が手に入ります。一般の人にとっては、あまりに多くの情報が一度にやってくるように思えるでしょうが、確かにそのとおりです。そして、「12日間」が去ったあと、このような能力が手に入っても、私たちは単なる「普通の存在」以外の何者でもありません。

物理学者や宇宙物理学者は、すでにこの目に見えない層があることに気づいています。ただ1つ違いがあるとすれば、現在はさまざまな層を体験するには、望遠鏡や顕微鏡を通さなければならないということです。

完全に意識を保っている人々は、普遍的な意識《ユニヴァーサルマインド》から行動します。そして、神秘家が常にそうであったように、顕現しているすべてのリアリティを、無限に体験することができるのです。それは「時」と「絶対的な形」のない空間です。

第5日目と第6日目の間

前にも述べたように、意識とマインドは3次元、4次元から、5次元の意識の枠組みへとシフトします。このシフトでエーテル体とそれを包むプラズマのフィールドの波動周波数が変化します。そして、人間の物理的な肉体のDNA（デオキシリボ核酸）が連鎖反応を起こすのです。DNAは生命を維持するための情報を複製し、伝達します。「12日間」の間に人間のDNAに起こるシフトは、細胞核の46の染色体をすべて変異させます。この結果、窒素をもとにした糖質に加え、糖分とリン酸塩の分子を代謝するシステムの基盤が変化して、遺伝形質が伝達するのを防ぎます。DNAのシフトした肉体は、もう遺伝子の情報に反応することがなくなり、「チャクラ」と呼ばれる7つのエネルギーセンターを備えたエーテル体が、新しい器官になるのです。心臓、肺、胃以外の肉体の内臓器官は、現在の分泌腺のように、徐々に支配的ではなくなります。もう外部から食物のような栄養をとる必要はなく、また無意識状態になる睡眠も一切必要ありません。

けれども、地球のエーテル体から、物理的肉体へ「気」をとり入れるための呼吸は続きます。そして、心臓は液体をポンプでからだに送り続けます。この液体はエーテル体と物理的肉体をつなぐのに欠かせない精妙な「気」のエネルギーを循環させます。また水分をとる必要もあります。水分は関節や腱をなめらかにし、目や皮膚を潤《うるお》し、心臓が循環させる液体を補給します。さらに水の分子、H_2Oの周りを包むエーテルエネルギーは、物理的肉体の電気的なフィールドにエネルギーを満たすために必要なのです。

このDNAレベルでのシフトによって、神経系が背骨の下部に休眠しているクンダリーニエネルギーを取り扱えるようになります。この上昇する垂直の大地のエネルギーで、エーテル体を囲むプラズマフィールドの深遠な力が覚醒します。そして、12日間、完全に目覚めている人々に、無限の物理的なパワーを与えるのです。このプラズマフィールドはしばしば、ライトボディと間違えられることがあります。というのも、プラズマフィールドは知覚できる人にはかすかに光るからだとしてとらえられ、物理的肉体をアセンションできるレベルまで振動させるエネルギーフィールドだからです。このプラズマ効果は無期限に続くのです。

第6日目

今までは生存していくために、地球のエネルギーに頼り、制約のある内臓器官が肉体を動かしていました。ところがシフトのあとは、宇宙に豊かに満ちあふれる精妙なエネルギーが維持するエーテル体へと変化します。6日目はほとんどこの大きな飛躍に適応するために費やされることになります。完全に意識を保っている人々はこの日を境にして、意識とエネルギーが織りなす時空間のリアリティと遊べるようになります。時間、そしてそれが存在しないことこそ、適応するのが最も難しい側面でしょう。「時間」は、何を達成するのにも、もう必要なくなったのです。なぜなら、すべての想念、思考は物質として表現されるからです。どのような課題を成し遂げるにも、外側の資源はいっさい必要ありません。

この新しい状況のもと、あなたはいったいどのレベルまで創造していくのでしょうか？　この時点では、次元内においてすべてが可能です。ただ、想像力のみが、それに境界線を引くのです。

12 days of photon ⑧

12日間の
第7日目／第8日目／第9日目の様相

光の12日間は、魚座と水瓶座の時代を分ける、

砂の上に引かれた線なのです。

魚座の時代の信念をもち続けたい人は、

2036年まではそうすることができます。

すべての人が5日目を過ぎると、

5次元的な意識へと変化します。

「都の城壁の土台石《どだいいし》は、あらゆる宝石で飾られていた。第一の土台石は碧玉、第二はサファイア、第三はめのう、第四はエメラルド、第五は赤縞めのう、第六は赤めのう、第七はかんらん石、第八は緑柱石、第九は黄玉、第十はひすい、第十一は青玉、第十二は紫水晶であった。また、十二の門は十二の真珠であって、どの門もそれぞれ一個の真珠でできていた。都の大通りは、透き通ったガラスのような純金であった」

ヨハネの黙示録第21章19節・20節・21節

第7日目

この日、完全に目覚めている人たちには、ここですてきなオマケがついてきます。それぞれの魂の平行現実である、過去、現在と未来のすべての転生が融合し、1つの存在へと集約するにつれて、私たちは、以前には想像すらできなかった次元へと入っていきます。物理的肉体とエーテル体が1つのものとして機能しはじめ、創造物すべてへの無限のやさしさを生み出します。どの瞬間にも、ゆったりとした落ち着きに包まれた深い気づきが浸透します。

呼吸をするたびに、あなたは「すでに知られているもの」と「未知なるもの」、「絶対」と「相対」の結合がもたらす神聖なる情熱で満たされてゆきます。あなたの感覚は、直感、透視能力、透聴能力、超感覚の領域まで、ドラマチックに広がります。ピーチゴールドの色彩がすべてを包み込み、オーラと目に見えるすべての物質のエーテル体を覆います。

1つ1つのつぶやきが、光の帯となって渦巻き状に流れ出し、輝くブルーの空気中に黄金のきらめきを与えながら、物質となって記録されていきます。色彩と音とがひとつに混ざり合いながら、地球の歌があなたのハートを満たし、意識は多次元の現実へと飛翔します。このとき、言葉は役に立ちません。どんな言葉も、あなたの意識の複雑性を表現するにはとても足りないことに気づくからです。

完全な想念とシンプルな感情とが1つになります。この「マインド感覚」で、あなたは世界の境界線、幾重にも折り重なっている層を突き抜けることができます。意識の流れが濃縮されたレーザー光線は、定まった照準から生まれたどのような思考も、完全なヴィジョンへと導いてくれます。あなたは肉体、精神と魂が完全に一体化し、集中した存在として自己を表現するのです。

One、全体のなかの全体。すごい一日でしょう？

気づかない人々に影響を与えたいと思っている人は、6日目から8日目に行うのが最も適しています。無意識に陥ることを選んだ人々は、自分のプロセスを壊してくれるものに、この間、大変受容的になっているからです。終わりのない夢の世界から助け出してくれるなら、なんでもつかもうとします。目を覚ましたいという欲求と、知ることへの恐怖の狭間《はざま》で、彼らの疲労は最高潮に達しているのです。

こういう人たちにどのように接していきたいのか、あなた自身の意図を明確にしておくことが非常に大切です。あなたが葛藤から自由であるからといって、あなたからの干渉を葛藤ぬきに受け取ってもらえるとは限らないのです。

他者の深い葛藤は、ハートが大きく開いている人々の「救済者」の部分を引き出します。葛藤している人が、愛する人の場合はなおさらです。7日目以降のエネルギーによって意識の完成をみた人にさえ、初めの4つのレベルの愛（巻末の「Ｎｏｔｅ」を参照してください）は非常に誘惑的です。

この時点で、ほかの人のプロセスを直接、じゃましたくないと思っている人に、新しい現象が明らかになります。それは1人の人の意識の深い変容が過去と未来、双方向に、遺伝的に7世代にわたって影響を及ぼすということです。この場合、しなければならないことは私たち自身が「創造者として表現する愛」に向かって心を開きさえすればいいのです。これを信じるならば、私たちの内に存在する、ゆったりとした安らぎが、周りの人々に力強い影響を与えることになります。愛する人たちも、あなたが得た新しい明晰さをともに分かち合うことができるのです。言い換えれば、あなたが目覚めれば、ほかの人も目覚めるということです。

第8日目

8日目にはわずかな間ですが、もう1つの大きなシフトが起こります。

意識を自分の外に向けて、だれかを心から助けたいと思っている目覚めた人は、無意識の人々にとっての「光と明晰さ」の中心になります。救済者になりたいという自分自身の欲求を超えて、アバターになるのです。

バランスをもたらしたいというこれらの人たちの無私の気持ちは、もっとも重い病気でさえ癒すことができます。彼らの使命は12日間が終わる前に、できるだけ多くの魂を葛藤から連れ出し、明晰さをもたらすことです。この行為の大切さを完全に理解することは困難です。これから後、「新世界秩序──NWO」が出現したときに、女性性／男性性の意識のバランスが、この行為によって保たれることになるのです。この初めのバランスなしでは、人々を奴隷にしようとする力で、智恵は荒廃し、死は生を席巻《せっけん》し、パワーへの欲望が美しいやさしさを消し去ってしまうことでしょう。でも安心してください。アカシャには、すでにこの無私の人々の行為は達成されたと記されています。

第9日目

光の12日間は、魚座と水瓶座の時代を分ける、砂の上に引かれた線なのです。魚座の時代の信念をもち続けたい人は、２０３６年まではそうすることができます。すべての人が5日目を過ぎると、5次元的な意識へと変化します。だからこそ「二元性」と「否定」の概念を、新しい時代にもち込むこともできるのです。このことを忘れないように、次を読んでください。

9日目、２０１３年から２０２０年の間に、最も偉大なデモンストレーションを行う人たちが現れます。それは殉教という行為であり、どのような形で行われるかが明らかになります。彼らはこの地球上に最初の転生をする前に、もうすでにそうすることを決めてきています。この人たちは大いなる真実、つまり抵抗することは相手に逆に力を与え、リアルな存在にしてしまうということを知っているのです。

彼らがとらえられ、投獄されて、のちに死を宣告されるとき、最高次元の世界意識

(Highest World Consciousness) に対する祈りとして、死を選ぶのです。数々のネイティブアメリカンの預言に語られているように、その死を通して、殉教者は「グレートワールドスピリット (世界大精霊)」を召喚します。この祈りが犠牲を通して行われる理由は、意識を完全に保ちながら肉体を手放すとき、このタイプの行為がワールドスピリットに及ぼす錬金術的な効果を、彼らが熟知しているからです。人間が自分の生命に意識的な選択を下すとき、魂の母胎である肉体の14万4000個の細胞から、気のエネルギーが地球のエーテル体へと放出されます。この気のエネルギーは反時計回りの回転をもっています。この逆回転運動が、地球から垂直に上昇する大地のエネルギーを、地球自身へと返すことになります。そして、オリジナルのエネルギーはより増幅され、意識の複合的な流れに合流して、すべての生命体を新しくするのです。

この増幅された「ソウルエネルギー」が、ワールドスピリットを目覚めさせます。ワールドスピリットはエネルギーイベントを指導している、例えば神官のような人々のために、または意識的に自分の肉体を手放した殉教者自身のために、働く義務を負っています。この場合、グレートワールドスピリットに指示を与えるのはこれらの魂たちなのです。結合した彼らの意思が、NWOの言いなりになっている、おとなしい人たちにもたらされた不公平感を早く終わらせることになるでしょう。

12 days of photon ⑨

12日間の
第10日目／第11日目／第12日目の様相

12日間の間、

完全に意識を保っている人々のほとんどが、

生き生きと、

最も拡大した形の愛を表現していることでしょう。

慈愛と共感の気持ちのあとに来るのは、

すべての命に対して感じる、

創造主への深い感謝の念だけです。

目覚めた人は人類の魂の奥深くに、

その非凡さを見ることでしょう。

「天使はまた、神と子羊との玉座から流れ出て、水晶のように輝く命の水の川をわたしに見せた。川は、都の大通りの中央を流れ、その両側には命の木があって、十二種の実を結び……」

ヨハネの黙示録第22章1節・2節

第10日目

最後の3日間、無意識に陥っている人々は、初めの3日間とは逆のことを体験します。

まず、2日目から9日目まで無意識を選んだ人々は、10日目から、徐々に自ら課した眠りから目覚めはじめます。どれだけ多くの時間を無意識状態で過ごしてしまったのかに気づいて、大きな混乱と怒りに襲われます。見たくない夢からなんとか覚めようとしたこと、自分の行いを次から次へと際限なく見せつけられたこと、しかも、それをやめようとしてもできなかったことなど、すべての記憶が生々しく残っています。

それから、友人や愛する人が行方不明になっていることに気づきます。それは3日目と4日目の間にキリストに出会い、アセンションした人たちのことであり、すべてに納得のいく説明がつかないことが、巨大なフラストレーションを引き起こします。

普段は「敬虔な信者」といわれる妄信的な人々が体験する心の崩壊は、想像を絶するものがあります。この信者たちは自分の指導者に、何が起こったのかをたずねるでしょうが、指導者にもさっぱりわけがわからないのです。それに幻滅した信者のなかには2011年の初頭に、存在を明らかにしたエイリアンのところへ向かう人もいるでしょう。

無意識だったけれども、12日間の途中で目覚めた人々は何か物事が、現実から一歩ずれてしまったような感覚にしつこく襲われます。12日間が引き起こす感覚への影響、すべてのものからエネルギーが輝き出し、想念はすぐに形をとって現実化すること、そして、自分が思ったよりも偉大な存在なのではないかといった感覚が、自分を取り戻そうとするプロセスのじゃまをします。

「早起きの人たち」（10日目、または11日目の初めに目覚めた人）にとって、もし、仲立ちとして、すぐそばに完全に意識を保っている人がいるラッキーな場合、5次元意識へ移行するのは、大変簡単です。だれかを助けようとやっきになっている人や、むかしの魚座の時代のままのコントロール・ゲームをしている人に意識をとらえられてしまった場合には、12日間がはじまる前の、集合意識のなかへ逆戻りしてしまうことでしょう。

12日間の間、完全に意識を保っている人々のほとんどが、生き生きと、最も拡大した形の愛を表現していることでしょう。慈愛と共感の気持ちのあとに来るのは、すべての命に対して感じる、創造主への深い感謝の念だけです。目覚めた人は人類の魂の奥深くに、その非凡さを見ることでしょう。生命に「全体性」をもたらすことのできる彼らの力は、ともにいる人々にすばらしい安らぎを与えます。伝わりやすく広がり続けるその「安らぎ」は彼らが行くところ、常に彼らとともにあるのです。肉体は卵を3つ合わせたような、光り輝く、ブルーのエーテルプラズマエネルギーに包まれています。そのブルーはその人が集合意識から離れ、今までの知覚を超えた力をもつ、慈愛に満ちあふれた宇宙意識に覚醒した人であることを表わしています。

無意識の人のなかで、10日目の終わりか、11日目の朝早く目覚めることのできた人々のみが、5次元の意識を完全に獲得した人の、エーテルプラズマエネルギーに気づくことができるのです。その後12日目以降は、無意識の人々に影響を与えているエネルギーが、いわゆるエーテル界のヴィジョンを覆い隠すヴェールのようなものをつくり出してしまいます。そうなれば、オーラやエーテルプラズマが作り出す層はふたたび、見ることができなくなるのです。このような能力の差は、実は自分で自分に課したものですから、あとから目覚めた人たちも、5次元の現実を理解することができれば、自分の制限を取り除くことができるはずです。

さきほど述べた、広がりゆく慈愛と共感を実践している覚醒した教師たちもまた、この誤解を取り除くことができるでしょう。

第11日目

かつてアトランティス時代に「12日間」、意識を明確にもちつつ過ごした人のように、完全に目覚めている人々は、水瓶座のヴィジョンのなかで人類にとって可能なことを現実化しはじめます。アトランティス時代の人がもっていた能力や現実化したヴィジョンは、ギリシャやローマの神々たちの神話として部分的にしか知られていません。残念ながら、神々のようなパワーを持った存在の中の、ほんの数人の情報しか手元に残されてはいないのです。ほとんどの人が目立たない道を選びました。

今回の12日間を完全に覚醒して過ごした人々は、同じ意識レベルをもっていない人々から見れば、(アトランティスの人々が、かつてそうであったように) すべてを知る存在として、まるで神のように見えることでしょう。

しかし、無意識で過ごしている一般の人々にとって、神様のような人は不愉快な存在に違いありません。それは古代ギリシャやローマの人々が、タイタンたちが走り回って、自分たちの知覚している現実を、めちゃくちゃに改変することを快く思わなかったのと同じです。

第12日目

この日に、集合意識と集合から離れることを決めた人々は、魚座の時代と水瓶座の時代を分けている砂上のラインを越えるのです。魚座の時代を代表するすばらしい存在、マーティン・ルーサー・キング師が使ったゴスペル・ソングの言葉をここに借用したいと思います。

「やっと自由になった、やっと自由になった。全能の主よ、私はついに自由です」

12 days of photon ⑩

「12日間」のあとに起きること
——新世界秩序（NWO）との最後の戦い

科学は「失われた12日間」を集団幻覚だと

片づけようとします。

この銀河宇宙のなかのセントラルサンを中心に、

５万6000光年をかけて太陽系自身が公転するとき、

私たちの地球がとてつもないエネルギーフィールドを

通ったために起きた現象なのだと説明します。

無意識を選択した人々は12日間が終わり、水瓶座の時代に入っても、かつて慣れ親しんだ魚座の時代と、ほとんど何も変わっていないように感じることでしょう。彼らが望めばいつでも、5次元の意識が手に入るにもかかわらずです。実際、5次元的な能力があるからこそ、魚座の時代の信念体系を新しい時代に投影し続けることができるのです。意識をフォーカスできるこの高次元の能力がなければ、聖なるシフト（光の12日間）の間に、おそらく恐怖や恥、罪悪感の妄想を生み出す、深い葛藤にさらされてしまっていたはずです。その体験は自我に破壊的な影響を与えるので、その状態から回復するには、さらに高次元の智恵を必要としたことでしょう。

シフトの間、完全に目覚めていた人々のなかから、「妄想から完全に自由になることこそが重要なポイントなのだ。はっきりと目覚めていない人々が、集合意識の一体化を遅らせることになってしまう」と言い出す人が現れることでしょう。でも、1人1人が自己覚知、覚醒、光明にいたるまでのそれぞれのプロセスを認め、受け入れることが大切であり、「12日間」が過ぎ去ったあとも完全に目覚めた状態を保つことが、とても重要になります。特に人によって遅れているとか、勝っているという概念が入り込み、判断《ジャッジ》を下しはじめるときこそ注意が必要です。

12日間、はっきり目覚めていたからといって、その人が「12日間」の強烈なエネルギーが過ぎ去ったあとも、自動的に自己覚知している状態を保てるという保証はどこにもありません。覚知した人がシフトのあとに、無意識状態に陥ることはめずらしいことですが、起こり得ないことではないのです。人を批判し、判断することは、ふたたび無意識状態をつくり出す1つの方法です。

無意識になった人が混乱する最大の原因は、実際に体験したことへの論理的な説明がまったくつかないことでしょう。科学は「失われた12日間」を集団幻覚だと片づけようとします。この銀河宇宙のなかのセントラルサンを中心に、5万6000光年の周期で太陽系自身が公転するとき、私たちの地球がとてつもないエネルギーフィールドを通ったために起きた現象なのだと説明します。

西洋の宗教の指導者たちは、聖書を用いてきちんとした説明をつけられないことに、戸惑い、恥じ入ることでしょう。彼らはこの現象を悪魔の仕業にすり替えて、そのかわりに地球に来ていたエイリアンに焦点を移します。

けれども聖職者が、プレアデスやオリオンの存在を非難することは、実は非常に興味深い行為です。彼らを非難することによって、うっかり太陽系の外からやってきた存在を認めてしまい、創世記による創造の神話を自ら否定してしまうからです。

想像がつくと思いますが、この12日間の現象に関して、ありとあらゆる解釈が生み出されます。しかし、一般の人々は、実は本当のことを知りたくないと思っているので、そのほとんどは何の役にも立ちません。彼らはこの驚異的な混乱が起こる前の状態に、ただ戻ってくれさえすればいいと願います。こうした理由で視覚に起きた現象にしても、明確な解釈や情報が何も得られないことと相まって、この出来事が人々の話題にのぼるのも短い期間、おそらく1カ月程度のことでしょう。

そして、ニュースはすぐ別の話題、もっと差し迫った出来事へと移って行きます。突然現れる「新しい世界秩序──New World Order」の運動、つまり1つの政府、1つの新しい宗教、そして1つの金融システムを備えた新しい世界（NWO）を目指すめまぐるしい動きに向けての報道です。

実は、12日間、明確な意識を保ち続けた人たち以外、だれも「光の12日間」のミステリーをきちんと説明できないのです。でもこの人たちは、ほとんどが科学者でも宗教の指導者でもないので、彼らの説明は公式には認められません。なかには、妄想だと片づけられてしまうケースもあるはずです。しかしながら、失われた12日間の説明を求める人々、特に消えてしまった家族や友人について、激しく理由を知ろうとする人々を、いつまでも待たせることは不可能です。

12日間のエネルギーのイベントが過ぎて日が経つにつれて、人類の意識が新しい「普通の状態《ノーマル》」を探りはじめます。非常に重要なことが起こりはじめます。

以前に、意識を保っている人のほとんどが、深い共感の気持ちと、拡大していく愛から行動すると述べましたが、完全に目覚めている人々の間から、あまり気づいていない人々をコントロールしようとする人間が出てくるのです。

覚えていますか？　12日間の間、無意識状態を招くたった1つの原因は「葛藤」なのです。これは、ここでもう1度強調する必要があります。というのも、来るべき聖なるシフトを信じている人たちのほとんどが、5次元意識に移行するためには、他人に対する愛と共感がないといけないと信じ込んでいるからなのです。しかし、それは間違いです。

どの時代にも、世界を救おうとする人たちがいます。そして、今回の12日間のイベントのあと、はっきりと意識を保っていた人のなかに、いわゆる「闇の世界」から行動する人が現れるのです。彼らはほかの人々の運命を「すべての人に、よりよい世界をもたらすため」にコントロールしようとします。

忘れないでください。自分自身、あるいは自分のとった行動に対して葛藤がなければ、あなたは意識を保っていることができるのです。目覚めていることと、政治的、宗教的信念や宇宙と自分との関わりをどうとらえているかということとは、その信念自体が、あなたに内なる葛藤を生み出していない限り、いっさい関係がないのです。ここで現れる「目覚めた人々」は、他人の運命をコントロールすることに対して、葛藤がありません。それは彼らが、自分たちを真の救世主だと信じているからです。

すべての人々、国家を率いるはずであった人物は、2007年に軍事作戦の失敗により死亡しました。この人物こそ、ユダヤ・キリスト教文化圏で「反キリスト」と言われてきた存在です。そして、同じグループから新しいリーダーが生まれます。世界をコントロールしようとするその人は、2011から2012年に選ばれるでしょう。

シフトの間、無意識に陥っていた人たち（古い魚座の時代のパラダイムにしがみついている人）は、この「新しい世界秩序―NWO」とそのリーダーを、世界平和と協調を促進してくれる献身的な存在として迎えるでしょう。国際連合と違い、この新しい機関は発展途上の国々を実に効果的に援助していくことになり、人々はあらゆる場面で、自分たちの生活に奇跡をもたらしてくれる機関なのだと考えはじめます。目覚めていない人々にとっては、こういった目に見える日常生活での進歩が、人生の意味を実感させてくれるのです。

新しい世界秩序は、物質的な貧困が原因の古い国際紛争を解決することもあります。延々と続いていた対立に、豊かさが終止符を打つことができるのです。

NWO《ニューワールドオーダー》グループにはトップの下に何人かのリーダーが選ばれるでしょう。NWOグループに指令を下す5次元存在たちのヒエラルキーです。これが、2036年のユニティの時代に至るまでの、二元性最後の戦いになります。NWOに忠誠を誓う勢力は、ワンワールド――1つの世界というテーマを創りはじめます。1つのスピリチュアルな視点、一つの政府、1つのゴール。それは、1人1人の自由で、創造的な自己表現の終焉です。運動に参加する人々は、どのように考え、何をするのかを教えられます。

2011年から2036年までの25年間は「ゆとりの期間」、つまり適応する期間ということがいえます。この期間は魚座、水瓶座の双方のエネルギーが存在することになり、この両エネルギーのオーバーラップしたときがなければ、ひとつの時代から新しい時代への飛躍は、集合意識にとって荷が重すぎることでしょう。

　このことがわかっていてもなお、5次元の意識レベルの中に、二元性がまだ存在することが、とてつもなく奇妙で不思議な気がします。さらに同じく奇妙に思えるのはアカシックレコードに、自主独立した存在となり、共感の気持ちにあふれる人々の多くが、新世界秩序（NWO）の組織に協力していくということが記されていることです。残念ながら、人々に押し付けられた1つの世界のテーマは、ユニティが実現しようとするヴィジョンには、はるか遠く及びません。新しい秩序は、すべての個人の自由と自律を奪おうとします。純真な人たちは、完全に新世界秩序のリーダーに依存してしまうのです。


　歴史の上で、今までに何度も起きたことが、また行われるのです。それは無実の人々の糾弾です。限りない愛をもって行動する光の存在たちが、一般の人々の道を裏切る者、集合意識の望みからはずれている者とされ、忠実なNWOの「信者」たちを惑わさないように排除されることになります。

　拡大した愛と共感をもとに行動するおだやかな人々は、自分たちの運命を支配しようとする者たちと戦おうとはしません。何かと戦おうとすることは、特にそれが信念の場合、相手の存在を認め正当化し、パワーを与えることになるのを知っているからです。この受け身に徹した、非協力的な態度によって、2011年から2020年の間に、彼らは集められるでしょう。それは12日間、無意識状態になっていた人の目には、虐殺が差し迫っているかのように映るはずです。しかし、これが彼らの終わりではなく、逆にパワーを得ることになるのです。なぜなら、彼らの意識のレベルにおいては殺されたり、投獄されたりということは起こり得ないからです。彼らが、かつて十字架にかけられ復活したイエスのように、より大きな目的のためのデモンストレーションを選ばない限りは。

彼らは、本質的に「アバター」であり、この次元における「マスター」です。彼らを支配しようとする者たちにとって、いかにじゃまな存在になり得るかが想像できますか?

彼らはNWOを深く悩ませることになります。それは、バプテスマのヨハネの終始一貫した声に、ヘロデ王が困惑したのと同じです。ただ、ここでいうNWOのリーダーたちの悩みとは「葛藤」ではないということを理解してください。古い言い回しのように「あなたがだれかのために存在しているのでないのなら、それはその人に、まったく反対しているのと同じことである」ということです。

この意味から、純粋なアバターが存在していること自体が、自身を救世主だと目《もく》する彼らにとっては非常に大きな脅威になるのです。これらアバターたちが周りにいることで、一般の人々もひょっとしたら、自分たちも「自分自身から救われる」必要がないのではないかということに気づきはじめるかもしれません。

興味深いことに、12日間の間に無意識状態であり、その後、ＮＷＯの信者になった人たちも、自然に5次元意識へと目覚めていきます。彼らは望んだこととそれが現実化するまでの時間が、どんどん短くなってくることに気がつき、自分たちが本当は「魔法の存在」であることを体験しはじめるからです。光の中心から自己表現をはじめる人たちが増加してくると、最終的に、策略で排除するには、その数が多くなりすぎます。２０２０年までには、人の運命を支配しようとする極端な方策に対抗するのに充分な光の存在が現れます。

２０２６年にスタートするアセンションの第3の波は、この二元性にバランスがもたらされる結果、はじまります。

アセンションの第2の波は、3年間にわたるので、キリスト再臨や、２０１２年に起きる第1の波や第3の波のように、ドラマチックではありません。このアセンションの3回の波で、すべて預言は成就します。

「……そして、大地は死を忘れるであろう」（旧約聖書）

２０３６年に二元性が終わりを迎え、集合意識が１つに融合するのですが、だれがなんと言おうと、２０３６年の最後の日まで、水瓶座の時代に魚座の状態を保ち続けようとする人々がいます。これらの人たちは、惑星マルデック[4]にいたときに生じたカルマを抱えているために、このような行動をとるのです。マルデックで開発されたテクノロジーは結局、この惑星を爆破し崩滅させてしまいました。たくさんの無実の魂が関わっているだけに、裏切りがテーマのこのカルマは、解消するのがとても大変なのです（マルデックに関する情報は、ジョージ・ハント・ウィリアムソン著『Other Tongues-Other Flesh』に詳しく記されています）。

ＮＷＯのヴィジョンには、世界を紛争から自由にすることが含まれています。これを現実化するために、ＮＷＯのリーダーたちはあらゆるタイプの調査研究に資金を提供します。

２０１３年、製薬会社は大豆をベースにした非常に密度の濃い、たんぱく質の合成に成功します。これは、肉にとって代わることになるでしょう。それでもバーベキューを食べたいと思う人々もいるでしょうが、世界の人口のほとんどが菜食主義者になるのです。

２０１５年の終わりまでには、人類の命を脅かしてきた疾病（がんやエイズなど）が、地上から消え去ります。

２０２６年の初めには、時代遅れの原子力や太陽エネルギーは、低温核融合の形で得られる「フリーエネルギー」と交替するでしょう。またこの時期までに、複合材料がすべての金属や重量プラスティックにとって代わり、同時にバイオを応用したバイオメタル物質が新しい建築材料として使用されるようになります。この材料はどんな鋳型にも「成長」していくので、ますますその利用頻度は高まります。

地球の重力から自由になりたいという願いは、科学者が「調和共鳴―ハーモニックレゾナンス」の理論を発見したときに叶うことでしょう。この「調和共鳴」は、生命をもたない物質の意識と関わるものです。軌道に置かれた重い物質は、一連のイオン／レーザー爆発によって、引力から飛び出します。科学が探し求めていた、いわゆる反重力のテクノロジーです。でもその前に、まずはすべての物質には意識があるということを発見することが必要なのですが。

これらのテクノロジーが進歩していくまっただ中で、やっと人々は、1人の子どもを育てるためには、村中が関わらなくてはならないのだということをもう1度、思い出すのです。

もう1つのエキサイティングな出来事は、現在の集合意識が理解している「時間」の概念が終わりを迎えるということです。つまり「時」というものが存在しなくなるのです。かつて地球が平らだと信じられていた時代があったように、「時」はもう人類の意識を制限するものではなくなります。

マヤの人々は、時の終わりは2012年の冬至に起こると預言しました。この預言は「12日間」のうちの3日目から10日目まで、無意識になっていた人々にとっては正しいのです（完全に目覚めている人にとっては、「時」の概念はすでにその時点で終わっています）。学者たちは、このマヤの預言を文字どおり世界が終わる日だと無邪気に解釈しました。そして、はたして世界が終わるようなことがあるのだろうかと疑問を抱いています。時の終わりは、世界の終わりではありません。「時」は知性が発明したもので、その逆ではないのです。

マヤの霊的指導者たちは「時」を崇拝し、非常に正確なカレンダーをつくり出しました。そのカレンダーは人々の生活に重要なサイクルを教えてくれたのです。彼らの時とサイクルに関する知識を、現在と比べて過小評価することは、とてつもなく傲慢です。『The Mayan Factor』(『マヤン・ファクター』ヴォイス刊)のなかで、著者のホゼ・アグエイアスは古代の人々とその文化について述べています。マヤ文明は、遠くの天体の周期的な運動を正確に知る能力をもっていたのです。

私たちは最近になって、分子・原子が固有の周波数の電磁波を吸収・共振することを利用した原子時計の発明によって、やっとマヤの人々の能力を追い越したといえるのです。

マヤの人々にとって、天体の周期を正確に計算することは、彼らが生き残っていくためにとても大切なことでした。ここ400年の間、世界は「時」と「サイクル」との間にまったく違った関係をつくり出してしまいました。運動と時間の関係は私たちにとって、この世界や向こうの世界を探検するのに、非常に重要な部分を担っていました。まだ世界旅行がはじまったばかりのころ、人々はまず時間のもつ要素を発見する必要がありました。探検の旅が終わり、もとの町に戻ってきたとき、その旅にどれくらいの時間がかかったのかが報告されました。地球を超えた旅に出るとき、出発前に私たちはその旅がどれくらいの時間を要するのか、知らなければなりません。この事前の知識は距離が速度によって測られ、しかもその速度に光速以上、速くはなれないという制限のある世界にのみ必要です。「理論数学」というものが出現して以来、科学はどうやって光の速度を超えるのかを研究してきました。私たちの小さな青い地球から自由になる能力を妨げている最後のバリアが、この光速を超えられないということだったのです。

もし光速をジャンプすることができたら、別の世界へ行くことができるだろうと推測されています。もちろん、1度光速を超えたあとは、もう1度ブレーキを踏んでスピードを落とし、いつもの速度が支配する世界へと戻ってくることを予想しているのです。光速以上の世界から、以下の世界へ戻ってくるときのシフトのほうが、分子構造にとっては、飛び出していくときよりもダメージは大きいかもしれませんが、実際には試してみない限りわからないのです。

12日間のイベントの直後から、科学者たちは時間と空間がどのように関係しているかについて、驚くべき発見を次々にしはじめます。SF小説には、未来において私たちがどのように旅行をするのか、ヒントが書かれています。なかには、宇宙旅行を可能にするシフトにふれているものもあります。それは理論上の「ワームホール」です。

２０２７年には、科学者はついに空間／時間／速度の難問の外側に、私たちの次元に連続して存在する同様の次元を発見します。科学者たちは想像力を飛躍させすぎて、自分たち自身やまわりが恥ずかしい思いをしないように、注意深く研究を進めていくことでしょう。この次元のことを、ときには「確率的次元《プロバブル》」ととらえるかもしれません。「存在するかもしれない次元」に見えるのは、私たちの物理的な感覚では、いつでもすぐに認知できるとは限らないからです。そして、科学者たちが、人間の壊れやすい肉体との関係性において、この時空間のないリアリティをつかみはじめるとともに、速度を測っていた「時間」という概念が「想念」と交替します。私たちは「想念」つまり考えるスピードで旅をするのです。２０１２年の12月22日までに、集合意識は「時」の外へと踏み出します。そして「時間の概念」は、２０２１年の後半に終わるのです。

時間と速度の問題が自然に解決されると、１万７５００年前にアトランティスで行われていたように、想念のエネルギーを増幅する装置が開発されていきます。魚座の時代から選ばれた、時間をベースにしたテクノロジー（コンピュータなど、すべてがそうです）のように、直線的な順番に起こるパターンをもったすべての外部の活動に対して、「想念増幅器」が使用されるようになるのです。

その次のステップは、意識と同じ空間に存在することが可能なエーテルプラズマ体の発見です。それは私たちの意識と肉体が共存しているのと同じような形で、です。私たちの現在の3次元、4次元的な肉体は、原子をベースにした分子物質によってできています。今度の新しいからだは、エーテルプラズマ物質からできているために、いまの個体／液体／気体でできた制限の多いからだよりも、拡大した範囲で自由に反応します。新しいからだはずっと融通性があり、大切な触媒として、意識により大いなる幅を与えてくれるのです。

現在の私たちの分子でできた肉体は、遺伝子の表現と潜在意識の信念の投影として存在しますが、新しい肉体は「意図の意識レベルの表現」として存在します。直接的に変化するのは、物質との関わり方です。

例をあげてみましょう。私たちが隣の部屋に行こうと思ったとき（意図したとき）、空間が閉じ、また広がり、肉体が移動しています。これが「テレポーテーション」です。念動力《テレキネシス》やテレパシーも、普通に体験するようになるでしょう。

いったいどこまで行くのでしょう？

分子構造をもった肉体から自由になり、折り重なったさまざまな次元のなかで、あるいは次元と次元の間を、自由にホログラフィックにシフトすることのできる肉体を得ることになるのです。現在所有している物理的な肉体は、ある性質と形態をもった放射性エネルギーにふれると、急速に崩壊していきます。それは「創造」において、巨大な量の放射線が生成され、私たちの密度の濃い分子構造のなかでは、重力が戦っているのです。

次元の層の間を旅することは実際、ブラックホールで重力と重力が綱引きをするよりも、ずっと簡単です。私たちの新しい形体には、現在の物理的肉体を支配している法則は、いっさい当てはまらないのです。

注

4　マルデックは木星の周りを回る月で、太陽系で最初に人間の形態をもった存在が転生したところです。マルデックの人々は文字どおり自分の惑星を水素爆弾で破壊してしまいました。マルデックの破片が今の火星と木星の間にある隕石群です。

第Ⅱ部

光の12日間を超えて私たちはこう生きる

ゲリー・ボーネル　スペシャルトークセッション

これから起きること、
そして、それにどう準備し、
反応すればよいかお話ししましょう。

beyond 12 days of photon ①

レムリアのＤＮＡをもつ日本人は、霊的意識の最先端にいる

日本では、

非常に多くの人が急速に自己覚知の段階に入っていきます。

日本人の遺伝子には、

現在もレムリアのユニティが入っている——

つまり調和《ハーモニー》がインストールされているわけです。

私が日本は波の最先端だと信じる理由はそこにあります。

この1万3000年に1度のイベントに向けて、今までとは違うことが、目に見えてできるようになります。今ほど、ネガティブと思える出来事から、ポジティブな結果を引き出す能力を発揮できるときはありません。「変革の時」は、すべての人々に苦しみをもたらすわけではないのです。そこから何を引き出すか、それはあなたしだいなのです。

エネルギーの波の中心ポイントに近づけば近づくほど、個人の意識は増幅していきます。1人1人がどのような体験をするかは、その人がどのような反応《レスポンス》をするかによって変わっていくのです。つまり、人と人との差が大きくなっていきます。集合意識に葛藤という圧力がかけられていきますので、ますます集合意識は、プレッシャーにさらされます。だからこそ、同じような考え方――ライク・マインドの人と一緒にいることが大切になります。

日本は、この波に関して、世界をリードするとても大きなチャンスを持っています。中国もそうです。なぜなら、日本と中国は、アメリカなどと比べて民族のDNAが非常に近いからです。中国は多民族国家ではありますが、アジアンという意味で1つのまとまりをなしています。アメリカやヨーロッパはあまりにも多くの人種が混じりあっているために、皆それぞれに変化し、戦争や小さな紛争がたくさん起こるのです。ただ中国はチャンスはあるのですが、多くの葛藤を抱えているのでそれを生かしきれないでしょう。

シフトが来るまでのこれからの数年間は、意識を完璧に「葛藤」にフォーカスしていかなければなりません。葛藤にフォーカスするとは、自分の抱えている葛藤をすべて解決していく必要があるということです。

本当にこれを理解している人たちは、葛藤を解決して、自己に目覚める――つまり自己覚知していきます。自己覚知とはすべての内的葛藤から解放された状態で、一度覚知すると、本質的な存在としての自分自身を一切裁くことなく認識できるようになります。社会からの制限にとらわれることなく、本質的な自己を生き、意思を持って、自由に自分の人生を創造していけるようになるのです。ただまだ人類の思考エネルギー場の制限を受けています。

悟りのプロセスは4段階（「Ｎｏｔｅ」を参照してください）に分かれ、自己覚知した人は、次の覚醒の段階に入っていきます。覚醒すると、すべての幻想から自由になり、地球のエーテルのエネルギーを使って意図を現実化していきます。自分の地球でのすべての転生がわかるようになります。その後は、光明―Illumination《イルミネーション》という状態、それから最後は解放―Liberation《リバーレション》です。このレベルまで達した存在は地球の次元から自由になり、すべての存在の資源となります。

日本は、技術が発達した先進国としていよいよこの局面に入るので、非常に大きな役割を担うことになるでしょう。日本は、テクノロジーが発達している上に、ほぼ同一民族の国です。考え方の似た人たちがグループになっているとも言えるわけで、これは大変な利点なのです。ニューギニアやアボリジニの人々は、確かに同一民族ではあるのですが、国はまだ発展途上にあります。日本は言語も1つしかなく、本当にトップの位置にいるのです。

日本では、非常に多くの人が急速に自己覚知の段階に入っていきます。しかも人々の持つ調和波動（ハーモニクス）は非常に似通っているのです。ハーモニクスとは、多次元的な波動です。単に音としてだけではなく、エネルギーとして、集合意識に影響を与えることができるのです。日本人はDNAにハーモニーに向かう傾向を持っています。それは本当に日本人の骨の中に存在しているのです。日本人は、レムリアの末裔《まつえい》であり、そのDNAはレムリア時代の名残です。中国人にもそのDNAはシェアされてはいるのですが、中国は今、独裁的な政治の下で、多くの葛藤を抱えていますから、ハーモニーは起きません。

地理的に日本は、ちょうどドラゴンの背中に当たる場所にあります。ですから、日本は動いています。動いているというのは、地震などのことですが、大きな問題ですね。

昔はここがレムリア大陸でした。当時は日本と中国の間は谷になっていて、温泉が湧いていました。氷河時代でしたが、温泉による地熱で暖かく、人間が集まってきたのです。日本海はレムリア文明のセンターでした。アトランティス文明の中心本部が地中海にあったのと同じ意味で、日本海にレムリアの中心部分がありました。かつて日本海は谷間であり、レムリアだったのです。

今、地球の上は、サイキックシールドのようなもので覆われ、保護されています。これは1万人ほどの日本のグループがつくったものです。そのグループについては、いろいろ影響もあるので詳しくは申し上げられませんが、彼らは、祈りや想念で地球を守るバリアをつくったのです。実際にバリアのつくり方を、知っている人たちがいるのです。

そのグループの人たちはレムリアから叡智を持って、生まれ変わってきました。アセンションをすると人間の能力は拡大しますが、彼らのうち何人かは、すでにその能力や叡智を持っているのです。そのグループだけでなく、世界中にそのような活動をしている人たちが存在しています。

集合意識がシフトしていくと、レムリアやアトランティスの文化に再び戻っていきます。レムリアの時代は5万6000年ととても長かったので、分離から合一《ユニティ》、そして分離と、両方のサイクルを体験しています。日本人の遺伝子には、現在もレムリアのユニティが入っている――つまり調和《ハーモニー》がインストールされているわけです。私が日本は波の最先端だと信じる理由はそこにあります。

beyond 12 days of photon ②

もっと自信をもつことができれば、日本人の意識はすぐに拡大する

日本人が自分を信じ、自分に許可を与え、

自信を目覚めさせることができれば、

すぐに意識は大きく拡大します。

なぜなら、そこには集合意識としての信頼があるからです。

私は、北アメリカやヨーロッパで講演会を行っています。アジアでは日本だけです。日本での活動は、私が選んだというのではなく、日本へと導かれたのです。私は、かつて似たような夢を続けて見ていた時期がありました。その一連の夢の中で「こんにちは」と言う声が聞こえたのです。夢の中では、だれが言っているのかはわかりませんでした。

夢のあるとき、ロスアンジェルスで1人の男性が近づいてきて、「こんにちは」と声をかけてきました。それが私を最初に日本に呼んでくださったヴォイス社の喜多見さんでした。喜多見さんにはとても感謝しています。

日本での活動は、最初は本当に大変でした。アメリカと日本の生徒さんは似ていて、違いは微《わず》かだったのですが、その微妙な違いが最も重要な違いだったのです。

一般論ですが、アメリカでは生徒は、自分で自分に許可を与えて何でも体験しようとします。私が話をしている途中であろうと、構わず質問を始めます。自分からどんどん発言して、自分の意見を言うのです。日本の生徒さんは、本当に信頼できる人たちでしたが、私の話を黙って聞いているだけです。こちらから声をかけないと、前に進みません。日本人は自分に許可を与えていないのです。

日本では、先生に「さあ体験しなさい」と言われるのをみんな待っています。教師に許可を委《ゆだ》ねているのです。また、先生たちのほうにも自分の立場の重要性を守ろうとする態度が見られます。大学などの学校は皆そうでしょう。それは別に悪くはないのです。ただ、私にとってこれは大きな問題でした。

私たちは、普通の学習の範囲から離れたものを学ぼうとしているので、これまでと違うことをやって構わないのです。実は全員が先生で全員が生徒という状況が一番いい。でも日本では、先生と生徒の立場がハッキリと分かれているため、生徒さんたちの内にある「自分に許可を与える部分」を引き出し、自信を目覚めさせることが大変でした。それを教えることはなかなか難しいので、私にとって非常に興味深い学習のプロセスでした。

それが西洋の意識と日本人の意識の大きな違いです。日本人の生徒さんがその部分を越えて目覚めることができれば、成長と拡大は非常に早いでしょう。日本人が自分を信じ、自分に許可を与え、自信を目覚めさせることができれば、すぐに意識は大きく拡大します。なぜなら、そこには集合意識としての信頼があるからです。

アメリカでは、自分の信条、体験を通して学んでいきます。これはよいことなのですが、集合意識としての葛藤をためやすい傾向があります。アメリカ人は、行っては戻り、行っては戻り、自分自身の拡大にさえ少し抵抗しながら、何度もテストしながら拡大していくのです。私にとっても、西洋人と日本人の意識の違いを感じながら、日本で教えるということは意識の広がる体験でした。

「光の12日間」がもたらすエネルギーは、個人の意識を増幅します。葛藤を持つ人は、葛藤そのものが非常に拡大し、増幅するのです。どのような体験をするかは、その人の反応によって変わり、それぞれの反応の違いが鮮明な形となって現れます。

自分を知る自己覚知に向けてワークし、その次にくる覚醒に向けて取り組んでいる人は覚醒していきます。そして、覚醒した人たちは、覚醒しようとする人たち、覚醒できずに自分の中で混乱している人たちのガイドになるのです。

しかし、ガイドされる側の人に葛藤があったり、受け入れる態勢が整っていない場合、本人の思考のほうが現実化していくでしょう。そうなると地球は混乱し、カオスが起きます。ここで、日本人の持つハーモニクス、信頼が重要になってくるわけです。

ここで気をつけるべき大切なことは、ほかの人を、直接的な手段を使って目覚めさせようとすることは、必ずしも好ましい結果を生むものではないということです。人は皆、自分なりの反応、自分なりの行動をしながら、自分のタイミングで変化するプロセスの途中にいます。だれかを無理に目覚めさせようとすることは、その人のプロセスのじゃまをすることにもなりかねないのです。かえって葛藤を増やしてしまう可能性があることを理解してください。

これから２０１１年に向けて、自分の内側の戦争というものにぜひ目を向けてほしいと思います。そして、どんな場合にも、どんな場面においても、平和をつくり出す人《ピースメイカー》になっていただきたいと思います。

beyond 12 days of photon ③

日本は、レムリア、アトランティス両方の文化を内包している

日本人はレムリアンです。

しかも、

日本の神道にはアトランティスの文化も内包されています。

さらにアカシックレコードによると、

日本という国は非常にすばらしい、

恵まれた状況の中で誕生しています。

地球が形成されたとき、12のロゴスがつながりあい、地球の周りを格子状の均一なエネルギーのネットワークで包みました。ロゴスとは、1つ1つがそれぞれ、12個の平行宇宙から来た魂で、複合存在と呼ばれます。すべての魂は、ロゴスのエネルギーを通過して、地球にやってきます。ロゴスは、魂が地球上で肉体に宿ることを可能にしたのです。

この宇宙はホログラフィックな構造になっていますから、12のロゴスはユダヤの12種族にもつながります。

現在、ユダヤの12種族のうち2種族はイスラエルにいます。残りの「失われた10種族」を探し出すためにイスラエルにはアミシャーブという機関があり、その機関のトップの人物はよく日本を訪れています。彼は公式には発表していませんが、日本のいろいろな人から話を聞いて、10種族すべてが間違いなく日本に来ていた、旅をしてきた一部の人々が日本に居つき、日本建国の重要な役割を果たしたと考えています。

日本神道は、グノーシス主義と非常に似ていますし、古代のドルイド文明にも似ています。特にユダヤ教にはそっくりな点がたくさんあります。伊勢神宮などの神社の構造は、古代イスラエルの幕屋、神様と接見する場所に似ています。お神輿《みこし》は、アークの形を模したものと言われています。あまり公開していませんが、伊勢神宮では年に1度お神輿を担いで境内を練り歩きます。お神輿には何も入っていませんが、そこには神霊が宿るとされています。この様子を見たユダヤ教のラビは、「古代イスラエルの風習とそっくりだ」と言って驚いたそうです。さらに、神道の神官の正式な服装は、ラビの服装と似たところがあるようです。

習慣においても日本とユダヤは似たところがあります。例えば正月の7日間の行事として、ユダヤでは種なしのパンを食べます。日本でもやはり種なしのパンのような餅を食べます。また、7日目に日本では七草粥《ななくさがゆ》を食べますが、ユダヤも同様のものを食べる習慣を持っています。

このほかにも、箱船が日本にあるという伝説がありますし、言語研究のジャンルでも、日本語には音がヘブライ語と非常によく似た、しかも意味も同じ言葉が3000語あるという調査結果が出ています。こうした共通点は、ユダヤの人が発見しました。これはたいへんおもしろいことだと思います。

イスラエルの12部族は、実際に存在していたわけではなく、12のロゴスを部族に例えたのです。イスラエルはたとえを事実として使っていますが、そこに悪い意図はまったくありません。

けれどもはるか昔、アトランティスの大地が洪水に襲われたとき、そこから多くの人々が世界に散っていったことは確かです。そして、アトランティスの伝統や儀式が、それぞれの土地に運ばれていきました。もしアトランティスの伝統や儀式を知ることができたなら、「神道はアトランティスから来たのだろう」と思われるでしょう。

地中海に水が流れこんできたとき、人々は谷を出てさまざまな方向に行きました。ネイティブアメリカンの部族の場合、北アメリカ大陸の西側の部族は、アジアを通って北からおりてきました。東側の部族はアトランティスからやってきました。イスラエルには「東のネイティブアメリカンの人たちは、失われた10部族の1つだ」と言う人がいます。確かに両者は儀式も非常に似ています。

いずれにしても、我々はみんな2つの歴史とつながっています。西のほうは主にアトランティスとつながり、東のほうはレムリアにつながっています。レムリアの情報は、西ではアトランティスの体験というフィルターを通して伝わりました。東ではアトランティス文明というフィルターがなかったので、そのまま伝えられました。

地中海の水の下に200の町があることが発見されました。アトランティスの遺物ですが、アトランティスはそこだけではありません。カリブ海にも中心がありましたし、南アメリカの北部もそうでした。アトランティスは、非常にグローバルな文明だったのです。

レムリアもやはり世界的な文明でしたが、どちらかというと太平洋側に集中していました。オーストラリアやポリネシアの島々です。今は海で隔てられていますが、かつてはこの地域も陸続きでした

ムーは最初にレムリアの一部として現れましたが、分離のサイクルに入ったとき、レムリアが戦争へと向かったので、それを嫌ったムーの人たちは、レムリアのメインランドから離れました。ハワイ諸島、カリフォルニアまでがムーです。ユニティのサイクルが再び始まったとき、その領域はアトランティスになりました。結局、レムリアの大きなグローバルコミュニティがずっと続いて、ムーになったり、アトランティスになったりしていたわけです。

日本人はレムリアンです。しかも、日本の神道にはアトランティスの文化も内包されています。さらにアカシックレコードによると、日本という国は非常にすばらしい、恵まれた状況の中で誕生しています。ですから、この意識の大きな転換点で日本人が担う役割は大きいのです。

beyond 12 days of photon ④

アカシックに記録されている日本のはじまり

日本は中国のベストの人々、

ベストの頭脳をもった知識人、ベストの職人、

ベストの芸術家がスタートさせたのです。

先ほど申し上げたように、アカシックレコードには、日本のはじまりが記録されていますので、ご紹介したいと思います。

はるか昔、中国にとても運がよく、財にも恵まれた皇帝がいました。しかし、ある日突然、皇帝から運が去っていきました。皇帝は神様に対して怒りました。そして、最高の軍隊を集め、最高の将軍をつけて、神様を喜ばせ、運を取り戻すにはどうしたらいいのかを、見つけて来るように命じたのです。

皇帝はとても厳しい人物で、少し残酷な面もありました。そこで、運を取り戻すための方法を探す旅から戻った将軍は、皇帝に「最高の金と最高の銀、最高の芸術家たちと最高の職人たちを神様に捧げてください」と進言します。将軍は、皇帝が託した金銀と中国文化の最高レベルの人たちとともに日本に渡り、それを元にまったく新しい国家をつくって、中国には戻りませんでした。

将軍の一行は、中国から満州を通り、日本の島まで来ました。そのとき日本には北と南にすでに住人がいて、彼らは将軍たちを阻止しようとしましたが、将軍は彼らと戦うのではなく、和解を持ちかけます。「我々は中国文化の粋《すい》を持ってきた。一緒に新しい国をつくろう」と呼びかけたのです。その結果、北と南の人たちも将軍のもとに集まり、それぞれの地方がつくられました。中国から来た将軍は、新しい日本の皇帝になり、この一族が日本の皇室となったのです。しかし、北の一部の部族は、自然との関係性を重要視し、新皇帝に協力的ではありませんでした。しかたなく、新皇帝は彼らを北海道に追いやったのです。

日本の始まりについて、アカシックレコードにはそのように書かれています。日本は中国のベストの人々、ベストの頭脳をもった知識人、ベストの職人、ベストの芸術家がスタートさせたのです。

レムリアに水が進入して、谷が海の底に沈んで日本海ができたとき、多くの人々は中国の満州方面に逃げました。そして、その時逃げた人々の子孫が、時を経てまた日本に戻り、今につながる日本を建国したわけです。

beyond 12 days of photon ⑤

スピリチュアルな意識の拡大は、日本から世界へ広がる

日本人はまれにみる「純真無垢な集合意識」を持っています。

日本人の集合意識が拡大していけば、

世界各地で意識が拡大を始めます。

それは「100匹目の猿」の現象のように波及し、

地球全体に広がっていくでしょう。

自己の本質を知ってはいるけれども、自己覚知に至っていない人たちは、これから非常にはっきりした明晰夢のような夢を見るようになります。夢を見ることによって、自分のどこにブロックがあるかということがわかります。ほとんどの人は直感的に、自分の見ている夢が何を示しているのかわかるようになるのです。また、起きているときに突然、夢のようなヴィジョンが見えはじめ、その中で自分の葛藤を解決していくこともあります。

とても頑固で、自分の正しさだけを主張していくような人は、このような状況の変化を受け入れることができません。自分に起きる体験に対して、その人自身を閉じる方向にもっていってしまいます。自分の内にこもって孤立し、恐れを抱いて、まるで精神疾患にかかったようになります。そういう人は、ほかの人の話を聞いたり、自分の話をシェアすることなく、内側に混乱を起こします。このように混乱する人たちが、これから増えていくでしょう。

エネルギーの帯の中心が近づくにつれて、すべての人々が明らかに影響を受け、集合意識のパラダイムがシフトしていくと、オーラやヴィジョンなど、今まで見えなかったものが見えるようになります。受け入れる態勢の整っていない人は、何が起きているのか、ますますわからなくなっていきます。自分は気がおかしくなったのではないかと、混乱がさらに大きくなり、内側で爆発するのです。

集合意識のパラダイムシフトが起こると、すべての人の肉体の波動が今までよりも上がります。そういう意味では、全員が自己覚知した状態になるわけです。興味深いことに、本人が認識している、いないにかかわらず、自己覚知した人は、思考をどんどん現実化していきます。その人が信じていることが現実化するのです。ですから、ほかの人がいくら的確な情報を伝えようとしても、本人の信じていることがその情報と異なれば、まったく違った結果が生じます。そこに亀裂が生じ、葛藤が生まれます。


葛藤と関係して、「自己重要性」を手放すことが、非常に大きな課題です。大いなる叡智に意識を向けていくと、自分のエゴにフォーカスすることが減っていきます。善悪の判断《ジャッジ》をしたり、ほかの人のプロセスをじゃまることがなくなるのです。

覚醒をした人は、そこに存在しているだけで、まわりの人たちに大きな影響を与えることができます。私たち自身が大いなる叡智に心を開き、内に存在する平和と安らぎを感じていれば、周りの愛する人たちも、それを共に分かち合うことができるということです。

あなたが目覚めれば、ほかの人も目覚めていきます。静かな水面に1滴のしずくが落ちたときのように、波紋は大きく広がっていきます。集合意識にも影響を与えます。
日本人はまれにみる「純真無垢な集合意識」を持っています。日本人の集合意識が拡大していけば、世界各地で意識が拡大を始めます。それは「100匹目の猿」の現象のように波及し、地球全体に広がっていくでしょう。

日本では2005年から、スピリチュアルがメジャーになり始めました。2008年、2009年はさらに拡大していきます。多くの人が、霊的な知識をさらに強く求めるようになっていくでしょう。特に海外の戦争が拡大するにつれ、こういう状況はもういやだ、葛藤から早く抜け出したいと思いはじめます。
葛藤を通り抜けた人たちは、さらにその向こうにあるものを探そうとしています。それが霊性を大きく後押しすることになるでしょう。スピリチュアルな意識の拡大は、ほかの国に比べて日本が一番早く、すばらしい霊的なチャンスに恵まれます。

あるスピリチュアルなイベントが見えるのですが、それは2009年に日本で起きます。沸騰している鍋のふたを取るような感覚で、エネルギーが解放されるでしょう。エネルギーを解放する人たちは、集合意識の一部なのですが、宗教的な組織の人たちではありません。カルトや特定の組織が行っている感じには見えないのです。何か運動のような形――スピリチュアル・ルネッサンスという形で現れるでしょう。

インドにも、人々が急速に意識を拡大している場所があります。それはムンバイです。ムンバイは、昔は腐敗した都市だと思われていました。400万人の売春婦がいると言われている町です。でも、そこにスピリチュアルな人々が集まっているのです。

なぜインドのお話をしたのかと申しますと、お互い同士つながっていなくても、あるグループの意識が拡大していくと、今度は全然別の、離れた関係のないグループの意識も拡大していくからです。ですから、日本で意識が拡大すると、アメリカのグループも意識が拡大し、ヨーロッパでも意識が拡大し、というようにお互いに影響を与え合います。ほかの文化にいても、集合意識のより輝ける結果に向かって皆が集まりはじめるのです。

beyond 12 days of photon ⑥

フォトンベルトは、意識をシフトする力《フォース》

光の波の端を見ると、

光の帯が前に進んでいるように見えます。

その光の帯には、

意識を変容させるエネルギーの力があります。

これこそがフォトンベルト、フォースです。

フォトンベルトが話題になっていますが、私はこれまでフォトンベルトとは書いてきませんでした。でも、「光の12日間」はフォトンの話なのです。私はこの仕事を、できればポップな流行の言葉から分離したかったので、あえてフォトンベルトという言葉は使いませんでした。その理由は、フォトンベルトの本質は、今までにいろいろ言われているようなものではないからです。

ある人は、フォトンは非常に凝縮されたエネルギーで、3日間の暗闇をつくり出すと言っています。また、別の人は、フォトンは光のバブルのようなもので、それが地球を別の次元に押し上げるというような言い方をしています。また創造の中心から定期的にエネルギーが出ていると言う人もいます。

しかし、フォトンベルトは、そのようなエネルギーではありません。フォトンフィールドは、巷《ちまた》に流れている諸説とは違っているので、クリアな説明をしたいと思います。

たしかに光の波は見えます。実際に望遠鏡で光の波が観測され、科学者たちはそれを見ています。ビッグバンから放射されているエネルギーの波だとも言われています。フォトンは光という意味です。でも興味深いことに、もし光が見えるなら、光は影にしかすぎないということです。光はすべての物質の10％にしかすぎません。ですから、光が押し出されていくのが見えるときには、それをプッシュしている力《フォース》があるということです。光を押しているフォースが重要なのです。そのフォースこそが、私たちがここで取り上げているエネルギーなのです。

創造の中心というのは、科学で言うビッグバンのようにどこか特定できるところではなく、私の理解では、あまりにも小さくて、観察できるポイントではありません。でも同時に、常にエネルギーを広げています。ビッグバン自身は、いわゆる解放、リリースの現象です。

多くの人はビッグバンをたった1回のイベントだと思っていますが、それは解放にしかすぎません。1回の大爆発でおしまいではなく、その後もエネルギーの解放はずっと続いているのです。

光の波の端を見ると、光の帯が前に進んでいるように見えます。その光の帯には、意識を変容させるエネルギーの力があります。これこそがフォトンベルト、フォースです。

光の帯の先端が500年前に地球の意識体に到達し、今、地球はそのちょうど真ん中にいます。1000年の幅のセンターにいるのです。実際に余りにも中心に近づき

意識をシフトさせる光の波

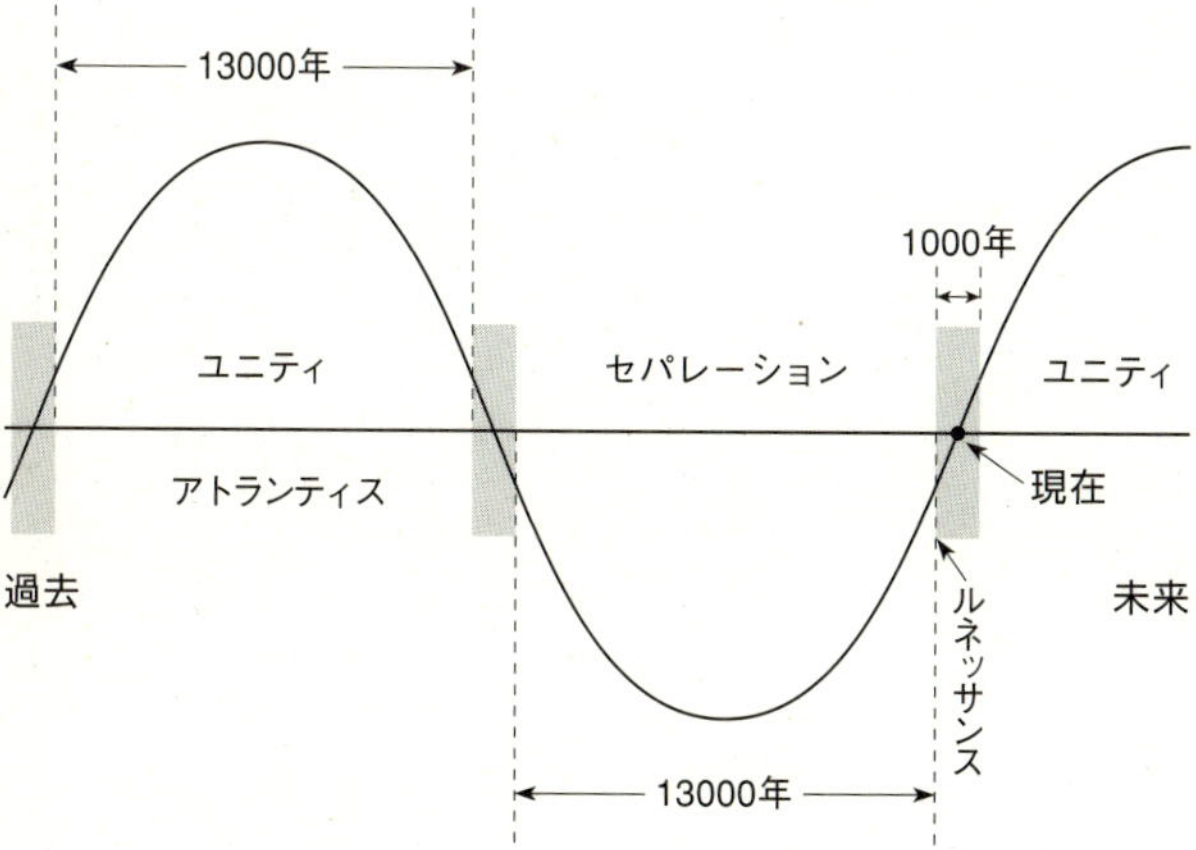

地球は1万3000年ごとに分離と合一を交互に繰り返しています。意識の移行期間には1000年の幅の光の波があり、現在は移行のほぼ中心にあります。

過ぎていて、中心と自分たちの意識体がどういう関係性にあるのかもわからなくなっています。それぐらい近いのです。

私たちは、そのエネルギーの本当の中心から、今4～5年離れています。中心では、「分離」から「合一《ユニティ》」へと体験が変化します。その後の1万3000年のエネルギーは、ユニティだけをサポートするエネルギーです。そこに分離は存在できません。初めは一般の人には気づかれず、少数の人々が突然深い覚醒をするにすぎません。しかし、帯の中心が近づくにつれて、すべての人々が明らかな影響を受けて、集合意識のパラダイムがシフトします。これが新時代《ニューエイジ》の到来です。

beyond 12 days of photon ⑦

これから世界は大きく変化していく

日本が戦争に巻き込まれることはありません。

日本には平和を推進するいくつかのグループがあって、

そのグループの力もあって、

戦争に巻き込まれることはないのです。

基本的に、これからの数年間、世界の政治的不安定は続くでしょう。世界の金融という側面も、ドラマティックに変わります。これは、長期間継続している戦争の結果、というよりむしろ証拠です。戦争は2011年までは続くでしょう。2008年から2011年までに、戦争が勃発《ぼっぱつ》する国は変わっていくでしょう。ただ様々な理由から、日本が戦争に巻き込まれることはありません。日本には平和を推進するいくつかのグループがあって、そのグループの力もあって、戦争に巻き込まれることはないのです。

西洋における大きな変化は、キリスト教が崩壊していくことです。今アメリカでは、カトリック組織の腐敗が明らかになってきています。神父が少年を凌辱しているという問題や、経済的なスキャンダルもあります。それだけではなく、キリスト教すべてに、いろいろな問題点が現れてきています。要は壊れかけているのです。

アメリカの現状は、人々が今、スピリチュアリティを、キリスト教というヴェールを超えた向こうに見はじめています。例えば惨事があったときに、キリスト教の神父さんは「それは神の御業です」という説明をします。けれどもその言葉は、もう決して人々の慰めにはなりません。そういう意味で、たくさんの人たちが神秘主義に向かっています。新しい波、ルネッサンスが起きています。

ヨーロッパでは、これからの5年から10年、物事は非常にうまく進むでしょう。問題があるとしたら、主要な都市がかなり海辺に近いところに、数多くあるということです。アムステルダムを守るすべはありません。さらにロンドン、コペンハーゲン、ストックホルムは、水に沈んでしまうところまではいきませんが、水位が上がり、土台がだんだん沈んでいきます。

エドガー・ケイシーによれば、日本も沈むと言われています。また日本では、よくない出来事があります。それは北海道で起きる地震で、一部が沈んでしまうことです。近々起きるかどうかはわかりませんが、その地震で多くの人が被害を受けます。実は東京も大地震に見舞われるはずでしたが、小さな地震に分離するという形で終わりました。

東南アジアでは、仏教に関する問題が起きるでしょう。政府が仏教の弾圧を始めます。ミャンマーではもうすでに起きてしまいました。チベットの問題もあり、仏教徒は人々の意識を引き寄せるために、自分自身を犠牲にして、ハンガーストライキや焼身自殺をはじめるでしょう。

さらに日本にとっては、中国が大きな問題となるでしょう。中国が世界の3分の1、インドからアジア諸国全部をコントロールしはじめます。マレーシア、ミクロネシアが、海の下に沈み、そこから逃げ出した人たちが、中国に入っていきます。中国は、1つのエリアに集中して人々が集まらないように、コントロールします。中国とインドでは、これから大きな問題が起きるでしょう。インド、中国、マレーシアでは、5億人ぐらいが、あるイベントで亡くなってしまいます。

中国では次のことを強調しておきたいと思います。アメリカのエネルギー消費量は世界ナンバーワンですが、中国は第2番です。今、アメリカの経済を担う会社のほとんどは、中国に製造部門を持っています。アメリカの製品が、中国で製造されている理由は、中国の労働力が安いからだと思われています。でも、それは理由のごく一部で、中国でいろいろな製品を製造しているのは、実は中国に環境を縛る法律がないからです。中国は欲望にまみれ、環境を制限するものがありません。これは地球環境において非常に大きな問題です。中国は毒をまき散らし、自分たちの土地を破壊しているのです。これは、中国だけではなく、世界の土地を破壊していることになります。中国は将来、恐ろしい現実に直面することになるでしょう。あまり未来を見たくはないですね。

中国ではある出来事が起きて、4億もの人が肉体を去るでしょう。人工的な災害――三峡ダムが壊れるのです。ダムに水がどんどんたまり、地面そのものがそれだけの巨大な水を支え切れなくなって自然倒壊します。今、もう壊れかけています。中国政府はそれを知っていますが、どうしていいかわからないのです。組織内に腐敗があって、いいかげんな工事をしたことが原因ですが、一番問題になるのが水の重みです。

地中海はもともと陸地でしたが、水が流れ込み海になりました。ジブラルタル海峡の土地が壊れ、入ってきた水の重みがプレートをシフトさせたのです。アフリカが下に少しずれて、ヨーロッパが少し上がりました。その結果、裂け目がさらに広くなり、紅海ができました。水は本当に重いのです。

三峡ダムにどんどん水がたまっていって、大地が沈んでいきます。水が重過ぎるので、ダムにひびが入ります。まだ崩壊までに時間があり、修理できると思われているのですが、下流にある町や学校、ビジネスなどすべてが被害を受けます。日本とアメリカの全人口を合わせたぐらいの人が、24時間で亡くなってしまうのです。

かつて彗星の衝突は変えられましたが、このイベントはもうスタートしているので変えられません。彗星は自分たちがつくったものではなかったから変えられたのです。

beyond 12 days of photon ⑧

ゴア氏も科学も言及しない本当の危機

私たちが今向き合っている一番大きな問題は、
メタンのレベルが高くなっていることです。
海底に強烈な量のメタンがあります。
巨大なメタンのバブルが下から上がってきて、
津波になるわけです。

元米国副大統領のアル・ゴア氏が地球温暖化問題を広く知らせたことでノーベル平和賞をとりました。変化がやってくることを広め、啓蒙《けいもう》活動をしたということで、すばらしいと思います。ただ、彼のプレゼンテーションの中には、たくさん間違っているところがあります。

科学というのは、これが真実であろうという推測に基づいて、結論を導き出すことしかできないのですが、歴史をふり返ると、科学が間違っていたことは何回もあります。実際に、環境問題は１９４０年からスタートしています。そのときすでに、もう逆戻りできないところまで来ていたのです。１９３０年代に何かできていたなら、こういう問題にはなっていなかったと思います。

ある科学者が京都会議のときに、良い酸素はこれから25年間でなくなると言いました。もちろん大げさに言っていると思うのですが、彼の言いたいポイントは、森林がなくなり、人口が増えていくので、その人口を維持できるだけの酸素の量がなくなるということなのです。ゴアは、それについてまったく言及していません。

第2次世界大戦で、実際にシフトが起きました。化石燃料が戦争のためにたくさん使われ、原子爆弾も使われて、いろいろな有毒ガスが大気中に放出されたのです。この戦争で起きたことを見ていくと、やはり環境問題はそこでスタートしています。第2次世界大戦の5年間が私たちの運命を決めたのです。それが理由で、私たちはもう、避けられないものに向かってどんどん加速して進んでいます。でも科学者はそれに関して何も言わないから、私たちは全体に何が起きているのかをちゃんと理解できていないのです。

南極の氷が融けてなくなり、海水面が上がるという心配はしていますが、結局、一番わかりやすいものしか見ていないのです。オゾン層の穴を見たときは、その穴だけにみんながフォーカスします。でも実際、ただそこだけにポンと穴があいたわけではないのです。

これらの問題は、人間が全部つくったのかというと、答えはノーです。南極の氷の成分を調べると、今までも、温かくなったり冷たくなったり、温かくなったり冷たくなったりというサイクルを自然にたどっているのです。

私たちが今向き合っている一番大きな問題は、メタンのレベルが高くなっていることです。海底には強烈な量のメタンがあります。

地中海に水が入ってきたとき、そして日本と中国の間の谷に水が入ったとき、それはあっと言う間の出来事で、1カ月半ぐらいでたまりました。そこでは、人間をはじめ多くの生き物が生活していたので、物質はたくさんあったわけですが、皆、海の底に沈んだのです。しかし、水は相対的に冷たかったので腐ることはありませんでした。今は海水が冷たいから下にあるのですが、海水が温かくなってくると、沈殿物がどんどん上がってくるのです。さらに海水の温度が上がっていくと、海底の木や動物などの有機物がだんだん腐って、メタンが多量に発生します。巨大なメタンのバブルが下から上がってきて、津波になるわけです。海底火山の活動とは関係なく、有機物が腐った結果です。これはまだ誰も言っていないことです。しかし、海水の温度が上がるのは、環境問題だけではなく、自然のサイクルで、太陽の活動と関係しています。

地球温暖化というのは環境問題とは関係なく、太陽の活動が活発になっているからで、ゴアがあれだけ温暖化と言っているのは、別の政治的意図があるのではないかと言う人がいます。私もそうだと思います。

実際には、太陽の活動と環境問題、両方のコンビネーションです。太陽のサイクルで、自然に暖かくはなるのですが、本来なら100年先に来るはずのものが、今、来てしまったということです。

例えば今、地球上で1日にいったい何機の飛行機が飛んでいると思いますか？　アメリカでは、多分5000機くらいですから、世界中だと2万機くらいの飛行機が飛んでいると思います。ジェットエンジンというのはすごい熱と排気ガスを外に出します。しかも、非常に高いところを移動するのです。その影響については誰も研究していません。

アメリカではいつも大気検査をしているのですが、9・11テロが起きたときに、飛行機が3日間飛ばなかったら、上空の気温が1度も下がったのです。これはアル・ゴアのレポートには入っていません。人が見ていない、見過ごしている事実というのがあるのです。

ミスター・ゴアが『不都合な真実』というふうに言っていますが、彼にとって不都合な真実は言っていません。彼は車も持っているし、飛行機にも乗るでしょう。そういうことを言ってしまうと、実際に影響を与えているものを、彼は使えないということになるのではないでしょうか。多分、アル・ゴアには、隠された意図があると思います。

beyond 12 days of photon ⑨

テクノロジーもエネルギーも
人類も大きく変わる

ニューヒューマンには病気はありません。

死もないのです。

人生の最後は、自分で決めるのです。

それは身体を輝くエネルギー体に変えて去るという形です。

身体は地球に戻り、意識はまた次の旅に出ます。

確かにこれからしばらくは、いろいろな悲劇があります。しかし同時にまた、これまでには考えられなかった発見、発達、進歩が起こります。未来は大きく変わります。中心点に近づけば近づくほど、私たちの意識はどんどん開いていき、治らないと思われていた病気が治ったり、科学も発達し、言葉に表せないぐらい急激に進歩します。

今、生物の知性をコンピューターとつなげるということが行われています。つまり、意識とテクノロジーが結婚したということです。これは文字どおり無限の可能性を生み出すことになるでしょう。目の前の未来を見ると、想像もつかないことに満ち溢れています。

もうすでに、生きている金属が発見されています。金属が有機体のように成長していくのです。端の部分には意識があって、体のほうはカチッとした固体です。つまり、枠組み《フレーム》をつくって、そのフレームの周りにメタルが成長していくわけです。すると、境目のない、しかも硬質のものができていきます。言ってみれば、クリスタルを育てているような感じです。そういう複合体のような物質など、ほかにもいろいろなものができてきます。私たちは、想念のエネルギーをパワーにする方法を学びはじめているのです。

エネルギー資源としての石油はなくなります。石油に関しては今、たいへんな危機的脅威がありますが、1970年代にも石油危機がありました。その結果、新しいテクノロジーが発達しました。今の脅威も、いろいろなものを変えていっているのです。

私たちは、非常に効率のいいエネルギーを見つけます。それはエコノミック・ベースにならないくらい安価になります。フリーのエネルギーではないのですが、ほとんどただに近い状態になるのです。何が起きるかといいますと、東京近隣にパワープラントができて、東京にエネルギーを送り込む必要がなくなります。今は地方の原子力発電所などで電気をつくって、そこからエネルギーが送られていますが、その近隣のパワープラントでつくったエネルギーを、その場で使用するようになるのです。新エネルギーは、水から生まれる水素が原材料で、石油には一切頼る必要がなくなります。

たった1つ問題になるのが水です。フレッシュな水が足りなくなります。ですから、海水の塩分を抜いて真水にするプラントができます。新鮮な水を地面から掘り出すより、海水から塩分を取り除いたほうが安く手に入るようになるでしょう。イスラエルでは、もうすでにそうなっています。テクノロジーで、やっと簡単に真水が手に入るようになったのです。

未来を見ると、湖には塩水を抜いた海水が入ることになります。植物も、畑も、そういう海水で育てられます。パイプラインは、オイルではなく、海から水を運ぶようになるのです。

200年後の未来で、人間にとって最も大きな問題は、海面近くの湿気が非常に強くなることです。どこで水が終わって、どこから空気になるのかがよくわからないぐらい湿気が多くなります。クリアな霧のような感じです。未来において一番フレッシュな水は、空気中の水分を取り込んだ水になります。

人体にも大きな変化が現れます。太古の昔、ネアンデルタール人がいたところに、突然新人類が誕生しました。ニューバージョンの人間は論理性《ロジック》を持ち、理性を備えていました。ネアンデルタールとホモ・エレクタスは、同時期に地球上にいたのですが、ホモ・エレクタスの意識の境界線は、ネアンデルタールよりもずっと広かったのです。同時に2種類の人類と言われるものが存在し、ネアンデルタールはオールドパラダイムで生存し、新しい人類は本当にまったく新しい世界、新しい意識で生きていました。

実は、同じことがこれから起きるのです。全員がいわゆるシフトを体験するのですが、意識がすぐにユニティに移行する人と、古い意識に固執する人に分かれます。すぐに変化をする人は、意識が爆発するような感じでシフトします。

なぜ、古い意識の人が残るのかというと、シフトによって思考を現実化できるようになるので、古いものを信じている人は古いものをつくり出す能力を持つことになるわけです。でも、新人類がどんどん優位になっていきます。

これから500年経つと、多分理解するのはすごく難しいと思いますが、人類は性別を持たない体になっていきます。未来に、私たちは自分だけで体の中にもう1人の人間、赤ちゃんをつくることができるようになります。それは、産むぞという意思と願いだけで生まれるのです。性別がないので、男も女も関係なく、誰でもが赤ちゃんが産めるようになります。

今、もうすでにそういう生物が生まれています。フロリダで、檻の中に雄のサメが1匹だけいました。ずっと雄1匹だけで、数年間同じタンクの中には雌のサメはいなかったのですが、そのサメが妊娠して赤ちゃんが生まれました。手術も投薬も何もしていないのですが、どうしてそんなことが可能だったのでしょうか。

人間もそうですが、すべての生物は、そういう能力をもともと持っているのです。DNAレベルでは、例えば切断された腕を再生する能力は人間にもあるのです。トカゲと同じＤＮＡを持っているので、人間にだってできるわけです。
意識がシフトするとＤＮＡのそういった部分が開きはじめます。だから、ニューヒューマンには病気はありません。死もないのです。人生の最後は、自分で決めるのです。それはからだを輝くエネルギー体に変えて去るという形です。からだは地球に戻り、意識はまた次の旅に出ます。それが５００年後の未来です。

これから地球はとても変化していきます。１００年でかなり変わります。今とは非常に違った場所になるでしょう。60億人は人口が減って、あまり人がいなくなります。その60億人分の魂がどこに行くのか気になるかもしれませんが、もともと強烈な数、何兆という魂がいるので、60億は大した数ではないのです。

beyond 12 days of photon ⑩

シフト後「時」という境界線はなくなる

私たちが物質のレベルで

意識をシフトすることができるのなら、

時間というのは起き得る可能性のあるもの

（プロバビリティ）にしかすぎない

ということが理解できます。

私たちがユニティの存在になると、つまり覚醒すると、目盛りではかれない「時」の概念に到達します。時がもう、私たちを縛る境界線《バウンダリー》の役割をなさなくなるのです。

テクノロジーが非常に発達したために、私たちはいわゆる「創造」における物質に関して、最も小さな、微細な部分までわかるようになってきました。それが私たち人間の意識の中で、「時間とは何か」という概念を変えてきたのです。つまり、からだにとっての時間と、意識にとっての時間というものは違うということです。

意識においては、時間は非常に柔軟で伸び縮みするものであり、からだにとっては、時間は直線的で必ず前に進んでいくものです。

私たちが物質のレベルで意識をシフトすることができるのなら、時間というのは起き得る可能性のあるもの（プロバビリティ）にしかすぎないということが理解できます。そして意識が本当に拡大すると、すべての時空のプロバビリティを包含《ほうがん》できるようになるのです。

つまり物質にも知性があって、その物質の知性が――科学者はそれをカオスの理論として研究しているのですが――それぞれが違う時間、違う空間に属しているということです。基本的に私たちのすべてが、バラバラであるという分離の概念からユニティへと向かい、すべてのものがそれ自身を表現しているにすぎないという考え方になっていきます。

例えばあなたが、今この瞬間、明日が早く来ないかな、明日に行きたいと思っていたとします。もしあなたが明日に行ってしまったとしても、ここにいる我々が、まだここにいるあなたと関係性が持てるのは、私たちの意識が、明日もまた包含できるからです。

想像してみてください。今、2人この部屋にいるとします。時間が境界線として役割を終えたとします。そうすると、2人の意識は時の境界線がないから、100年先も100年過去も自分の意識の中に入れることができます。例えば200年の中のどこにあなたがいようと、「あなた、ちょっと意見を聞かせてください」と言って話すことができます。あなたは、その瞬間はそこに来るということです。

よくマルチユニバースといいますが、マルチユニバースというのは、ホログラフィック多次元性であり、それが新しい世界です。

時間の制限が非常に緩くなります。私たちの現在のこの意識で、非常に広い範囲の時間を意識することができるようになるのです。

1万3000年前に、ユニティからセパレーションに移ったのですが、時間を毛糸玉にたとえるとわかりやすいでしょうか。丸かった毛糸玉がセパレーションに入って糸になりはじめました。毛糸玉はコロコロ転がっていって1本の糸として広がります。糸が全部ほどけて広がり、糸の端まで来たのが今なのです。そして、また丸い毛糸玉に戻ろうとするのがこれからの時代です。つまり時間は、始まりと終わりのある毛糸で、これから毛糸玉になろうとしているのです。

糸が玉に巻かれるたびに、糸と糸が重なっていきます。毛糸玉が大きくなるにつれて、自分の意識で意識できる時間枠がだんだん大きくなっていきます。

SFでは、タイムトラベルにおけるパラドックスが問題になりますが、そういう問題もありません。ただ、今私たちがタイムトラベルをすると、時間が非常にきつくて密度が濃い状態なので、確かに、タイムトラベルはパラドックスをつくります。でも、境界線が緩くなると、実際に時間の境界線の外に出るということはなくなります。自分自身の時間、空間が広がっていき、1つの世界の中で動くので、パラドックスはないのです。

beyond 12 days of photon ⑪

宇宙には超巨大で観測できない
ノンマター・マターより大きいものがある

真の奇跡は、

魂意識がこんなに小さな入れ物、

ボディに入っていられることです。

それが奇跡です。

私たちは、身体ばかりを意識して、

巨大な存在である自分というものを忘れてしまっています。

太陽系は、太陽から、水星、金星そして、地球という順に惑星があります。ほとんどの人は知らないのですが、この3つの惑星は、ほかの大きな惑星がなければ存在できなかったのです。結局、地球上に生命が生きていられるのは、木星や土星、天王星があるからです。そういう惑星たちが、太陽系の物質を安定させているのです。物質だけではなくて、非物質性物質（ノンマター・マター）も安定させています。

太陽系を大きなゼラチンでできたボールだと思ってください。このゼラチンのようなものをエーテルプラズマ――非物質性物質と言います。実はほかに言葉がないのです。私たちは、物質のことしか見ませんが、実際にはノンマター・マターが一番関係しているのです。私たちは、ほとんどそのことを知りません。

太陽の周りを周っている1つの惑星の影響についてお話をします。非常に大きな軌道を持ち、2万5000年で太陽を1周する惑星です。古代の人たちは、この惑星を「ウォームウッド（ニガヨモギ）」と呼んでいました。また、「ルシファーのハンマー」とも呼ばれる星です。ウォームウッドは聖書にも出てきます。ウォームウッドを形成している物質が光を反射しにくいので、簡単には観測できません。見えにくいのです。だからこそ、「暗黒の星」だとか「悪魔のハンマー」だとか言われ、暗いから悪《イヴィル》に結びつけられました。

ウォームウッドの影響で恐竜たちが死んだと考えている人たちもいますが、ウォームウッドはある彗星の軌道に影響を与え、その彗星が地球にぶつかって恐竜が死んだのです。

影響というのは、プレッシャーです。ゼラチンのようなものだから、お互いに近くなると密度がギューッと縮まるのです。何か重たくなったという感じがします。このウォームウッドの影響があるのは、この先私たちがいなくなって、大分たってからです。だから心配しなくて大丈夫。ただ、影響は感じはじめています。そう、確かに影響は感じるでしょう。

私たちの宇宙は、別の宇宙の単なる1つの分子にしかすぎないという考え方を聞いたことはありませんか？　非物質性物質の1つの原子は太陽系と同じ大きさです。なぜ非物質性物質を私たちが観測できないかといいますと、あまりにも大き過ぎるからです。ガンマ線で非物質性物質を見ようとしていますが、それはあまりにも巨大で、その中に自分たちが入ってしまっているからわからないのです。たとえて言うなら、とてつもなく巨大な構造体があって、その構造体の中に私たちが住んでいるという感じです。中にいる人は構造物全体を見ることができないのです。

興味深いのは、この非物質性物質と比べても、1人の人間の意識がどれだけ巨大かということです。比較できないぐらい意識のほうが大きいのです。太陽系の一部の地球上の、こんな小さなからだの中に入っている人間の魂意識は、実はあまりにも広大なのです。ですから、魂意識から見ると、非物質性物質は小さいと観測できるわけです。

真の奇跡は、魂意識がこんなに小さな入れ物、ボディに入っていられることです。それが奇跡です。このことをすっかり忘れてしまっているのですが、私たちは本当にすごい存在なのです。私たちは、からだばかりを意識して、巨大な存在である自分というものを忘れてしまっています。

私たち1人1人が神だという考え方があります。しかし、宗教的な神という概念そのものは非常に原始的です。ネアンデルタール人が自分たちの世界を考えているときと同じような考え方です。つまり、ネアンデルタール人が「自然」だと思う言葉、感覚と、私たちが今神様とはこういう存在だと思う感覚とが同じなのです。ユニティへの大きなジャンプが、私たちが本当は誰であるのかを気づかせてくれます。そして神という概念は、時代遅れに見えるでしょう。

分離している私たちの状態は慰めが必要です。そして宗教が慰めるという役割を担ってくれたのです。言ってみれば親がヨシヨシと子供を慰めているようなものです。でも、私たちが本当の自分は誰であるかを知りはじめたら、神という概念、慰めは要らなくなります。

仏教のように拡大をサポートする宗教はこれからも続いていきますが、キリスト教やイスラム教は消えていくでしょう。神道は自然宗教で、意識と自然の法則との関係性を取り扱っていますから、インドのジャイナ教と同様、そのような道はずっと続きます。でも、自然や魂に相反するような宗教は死に絶えていくでしょう。

beyond 12 days of photon ⑫

ユダヤ・キリスト・イスラムの宗教と世界の運命は？

アメリカがイランに攻撃を仕掛けたら、

アメリカは負けるでしょう。

イランがイスラエルを攻撃したら、イランが負けます。

イランがイスラエルに攻撃を仕掛け、

アメリカがイスラエルの味方をすることになります。

今、世界中のカトリックの人たちは非常に苦しんでいます。なぜなのでしょう。仏教徒がそこまで苦しんでいるということはあまり見受けられません。

カトリックの人たちは、教会に完全に権威を預けてしまっている自分を疑う気持ちと、貧困や混乱といった多くの苦しみがあります。カトリックのカルマということもありますが、教会の腐敗などキリスト教自身が、たくさんの苦悩を抱えています。実際にカトリックには、すばらしい情報、叡智があるのです。でもカトリックは教会を守らなければなりません。本当のことを言ったら、ミサに皆が来なくなってしまうので、叡智は隠されています。イエスという名前のもとに、多くの葛藤が生まれてしまっています。

イエスそのものと、教会は完全に違います。イエス・キリストという人物の存在は、教会とはまったく関係がありません。彼は「アバター」と呼ばれるマスターです。キリスト教とはまったく関係ないのですが、それはクリスチャンには受け入れられないことです。

キリスト教は、世界中の人々を支配するために生まれました。その国を誰が支配していようと、そこがどういう場所であろうと、人々をキリスト教徒として支配しようとしたのです。中世では、ローマ法王がメッセージを送ると、カトリックの国の人々はローマ法王の言うことを聞き、自分たちの政府のトップの話は聞きませんでした。

ローマ法王から離れた唯一のカトリックの国はイギリスです。イギリスには国教会ができました。ローマ法王から離れたのは、国王ジェームズではなく、ヘンリー8世です。ヘンリー8世が、聖書をみんなが読めるものにしようと言い、ローマ法王から離れただけでなく、一般の人が聖書を読めるようにしたのです。それまでは、神職にある者しか読んではいけなかった聖書を、一般の人も読めるようにしたということは、ローマ法王にとって頬《ほお》を叩かれたようなものでした。

ヘンリー8世は、過去世では、バビロニア時代の小さな国の支配者であり、ローマ皇帝シーザーであり、フランスで支配者だったこともあります。


イスラエルには、集団としてのカルマはあまり残っていませんが、現在、たしかに新たにバランスを崩しています。ただイスラエルより、イスラム教の人々が、もっとバランスを崩すことをしています。

アメリカがイランに攻撃を仕掛けたら、アメリカは負けるでしょう。イランがイスラエルを攻撃したら、イランが負けます。この攻撃については、両方ともかなりの高い確率で起きる可能性があります。アメリカの民意として、シリアとイランへの攻撃は反対だと言われていますが、プランはあります。

これからどうなるかと言いますと、アメリカがイラクでも失敗したので、おそらくイランが勢力をのばし勇猛になります。イランがイスラエルに攻撃を仕掛け、アメリカがイスラエルの味方をすることになります。アメリカとイスラエルが手を組むことにより、イランを負かすことができるのではないでしょうか。

そうなると、イスラエル人はイスラム教のモスクを、一番重要な岩のドームから移し、イエスの再臨のための新しい教会をつくるでしょう。イスラム教徒は負けて、どこかに追いやられることになり、テヘランは崩壊します。バグダッドは何もなくなってしまうでしょう。

それが世界にとって良いことかどうかはわかりません。イスラムはジョージ・ブッシュをキリスト教の軍隊だと思っていますが、同時に、ユダヤ軍とも思っています。キリスト教はユダヤの宗教だからです。

イスラムは、ひどい間違いを起こしつつあります。イスラムでもあまり過激でない人が、軍部をコントロールすべきなのですが、実際そうではないので、それがイスラム教全体の崩壊につながります。キリスト教だけが西洋の宗教として残るのは嫌だなと思いますが、ヘブライとユダヤ人でない人たちの宗教が1つになるという予言もあります。

スーフィズムはイスラム教の中から生まれました。しかし、両者はあまりにも異なっていて、同一と見ることはできません。それはグノーシス主義こそが、キリスト教だと言うのと同じです。スーフィズムは、すべての宗教は同じ、1つのものであるという概念で、イエスもマスターティーチャーの1人です。イスラムは常にモハメットだけに、キリスト教は常にイエスだけに、ユダヤ教は常にモーセだけにフォーカスが当たっています。ここが、スーフィズムがほかの宗教と違うところです。

スーフィズムでユニークなのは、ある種の瞑想状態をつくり出すために、ダンスや身体の動き、マントラを用いることです。彼らの基本的な考え方は、私たちはみんな直接神様から生まれたのだから、神様とつながることができる、神とともにいられるというものです。それでもまだ、神は自分とイコールではなく、外にいる存在です。

私自身にスーフィズムを深く語る資格があるかどうかは少し疑問なので、スーフィーマスターを呼んで話してもらうといいと思います。また、『ラスト・バリア』という本がスーフィズムについてよく説明しています。

ここでも大きな問題になるのは中国です。中国には、実はイスラム教徒がたくさんいます。これから中国が、世界の3分の1を支配下におさめるようになると、ヒンズー教、チベットなど、いろいろな宗教を持った人々、いろいろな人種、いろいろな言語を持った人たちがミックスされていきます。そういう意味で、中国の集合意識は破壊されます。

beyond 12 days of photon ⑬

実際のシフトとキリスト教徒が考える イエス再臨の違い

キリスト教徒たちが信じているのは、
まばたきする間にいきなりいなくなるということです。
天に音が響き渡ると、
ああ、私が行くべきときが来た
というふうに信者たちは思うのです。

キリスト教の人たちは、この意識のシフトにともなうイベントを、「終わりの時」、キリストが再臨するときだというふうに信じます。シフトしたエネルギーの中で、それを信じているから、実際にキリストが降りてくるという体験をするのです。うまく説明するのが難しいのですが、結局信じていることが現実化するので、キリストが降りてくるのです。

イエス・キリストは再び降りてくるのではなくて、実はもうすでに地球にいます。彼は実際にあちらの世界に行ったのではなく、ずっと地球上にいるということです。肉体がアセンションすると、歳をとらなくなり、自分のからだを好きなように変えることができるので、ずっと地球に留まっているのです。

再臨を信じている人たちにとっては、イエス・キリストが迎えに来るというイメージなので、実際に彼らにとってはイエスは地球から去ってしまっているのです。ファンタスティックに見えますし、信じがたいかもしれません。でも、ユニティに変わった後は、自分が本当に信じているものが、自分の新しい思考をつくり、そういう中から現実をつくり出す状態になるわけです。

このシフトの最初の21年間は、古い生き方のままの人と新しい生き方ができる人とが交じり合います。シフトの時点から時が経てば経つほど、シフトを成功させてユニティに移る人が増えていきます。ユニティに移行した人は、この次元と多次元の両方に住むという形になりますが、意識的にシフトができていない人は、古いシステムにそのまま居続けようとします。古いシステムを信じている人たちは、文字どおり新しい世界を体験できないのです。あまりにも拒絶が強いので、自分たちだけが地球上にいるという具合になってしまいます。

前に地球の人口が激しく減るということを申し上げました。それは、人間が地球の次元と別の次元の両方に生きるということで、人口が減るのです。そうなると、この世界の中に住んでいるけれども、世界に属していない人たちというのが生まれるのです。すごく大きなイベントです。このイベントを、たくさんの魂たちが待っていました。

地球を去るに当たってはいくつかの方法があります。まず一番初めに考えられる方法は、実際に死ぬということです。意識の中に突然分離が起きてしまって、自己破壊を起こして亡くなる場合、いわゆる自然災害によって命を落とすこと、そして病気で亡くなる場合があります。30億人くらいがそういう形で亡くなるのです。

キリスト教を信じている人たちは、キリスト再臨によってアセンションするということです。でもそれはクリスチャンだけに起きることではなく、突然自分の体をピュアなエネルギーに変えることができるのだと気づいた人たちは、別にトレーニングの必要もなく、突然、いなくなってしまいます。

さらに意識的に波動を変えられた人、つまり意識的に覚醒している人たちというのは、両方の世界を行ったり来たりするという形になります。何が起きるかというと、砂の上に1本の線があって、今、その線を越えようとしているわけです。そして、覚醒している人たちは、自動的に地球の次元と別の次元を隔てているヴェールを行ったり来たりし始めるのです。一部はこちらの次元に、一部は向こうの次元に、両方の世界に住むようになります。

『2150AD』という本があります。これはすごくいい本で、徳間書店がもしそれを翻訳できたらすごくいいと思います。キリスト教を信じている、イエスを自分の救い主として受け入れた人に、未来のある時点でイエスが現れ、「私と一緒に来なさい」と言ってくれるという話です。

確かにイエスが実際に生きていたとき、2000年前に、そのようなことを口にしています。「私が死ぬに当たって、あなたたちが行くべき場所を準備しておこう。そして、あなたは私とともに永遠にそこで過ごすだろう」といった内容です。それを聞いて、キリスト教を信じている人たちは自分なりに解釈して、死んだら自分たちが行ける王国が準備されているのだと思ったのです。

キリスト教徒たちが信じているのは、まばたきする間にいきなりいなくなるということです。天に音が響き渡ると、ああ、私が行くべきときが来たというふうに信者たちは思うのです。福音派のキリスト教信者は、実際に家族たちも準備をしています。もうすぐ、キリストの再臨《ラプチャー》があり、自分たちはいなくなると思っています。ラプチャーが来たときに、いくつかのサインがあると信じ、いつもそういうサインを探しています。彼らにとって黙示録に書かれているようなことがサインです。最後のサインは、エルサレムの岩のドームに新しい建物が建てかえられるということなのです。

そのためにアメリカでは、福音派の人たちがイスラエルをサポートしています。お金も助言も送って、早く建てかえてほしいと言っているのです。ドームの上に早く新しい建物を建てられるように、巨額のお金がイスラエルに渡っています。

beyond 12 days of photon ⑭

第2次世界大戦にまつわる驚くべき集団《グループ》カルマの歴史

子供を失ったエジプト人の魂たちが、

ドイツに生まれ変わりました。

その最初の中心となる人物が、ヒットラーだったのです。

これはすごい話です。

個人と個人でなく、グループ同士のカルマです。

第2次世界大戦では、世界中で6000万人が亡くなりました。ユダヤ人のホロコーストは想像を絶する本当にひどい話です。ユダヤ人だけで1200万人が亡くなったと言われています。第2次世界大戦で亡くなった人たちの多くは、もう地球に戻ってきています。みなシフトを体験したくて、結構早く戻ってきました。私自身は死んだその同じ年、7カ月後には生まれてきました。いろいろと問題があるので、死んだときの私が誰だったかは教えられませんが。

ユダヤ人に対する態度について不思議なのは、ほとんどの国が、ユダヤ人に対してドイツ人と同じような気持ちを持っていたことです。ヒットラーが権力を握る前に、ユダヤ人たちは海岸線に集まり、海を渡ってアメリカに逃げました。皆、ニューヨークシティに渡ったのですが、上陸できなかったのです。カナダでもそうですし、イギリスも、フランスもそうでした。日本は、少しだけ神戸で受け入れました。当時ユダヤ人は、世界の大きな問題だったのです。

理由については、壮大な話があります。実は、物語は、古代エジプトでスタートしました。古代エジプトでは、ユダヤ人たちは奴隷でした。エジプト人は、ユダヤ人をお互いに離れ離れにして会わせないようにしていたので、ユダヤの奴隷たちは、井戸から水を運ぶときだけ、ほかの人たちと一緒になりました。奴隷たちは井戸のそばで話をはじめ、長い年月をかけて、奴隷同士のアンダーグラウンドのネットワークができていったのです。そして、何百年もの時が経ち、彼らは自由になりたいと思いはじめました。

ユダヤ人の奴隷の中には、古代からの一種の儀式を継承している僧侶たちがいました。ユダヤ人の僧侶たちは、エジプト人たちが集まって崇拝の儀式をするように図り、その機会を利用して、儀式を通して奴隷から解放してもらえるよう、集合的な意識を集めてエネルギーを蓄えていったのです。この儀式は1人のファラオの時だけでなく、何世代にもわたって続きました。

そして最後に、ある儀式を通して、古代の神格化されたエネルギーを呼んだのです。そのエネルギーを使って、ユダヤ人の僧侶たちは、エジプトに疫病をもたらし流行《はや》らせました。ユダヤ人は神の力を借りて、エジプト人の家族に最初に生まれた赤ちゃん、長男の命を全部奪ったのです。もちろんそれでユダヤ人は自由になったわけですが、ユダヤ人のほうに大きな葛藤が残りました。

ユダヤ人の母親たちは、エジプト人の母親が自分の産んだ子供を、どんどん失っていくのを見ていました。1人や2人でなく、1つの世代全部の子供たちが疫病で死んだわけですから、ユダヤ人側に大きな葛藤が起きたのです。その葛藤はずっとエネルギーとして残り、子供を失ったエジプト人の魂たちが、ドイツに生まれ変わりました。そのエネルギーが肉体を持って生まれ変わった、最初の中心となる人物が、ヒットラーだったのです。今回はドイツ人が古代の方法を知っていて、オカルトの儀式で、古代エジプトでユダヤ人が呼んだのと同じ神様を呼んだのです。これはすごい話です。個人と個人でなく、グループ同士のカルマです。

ヒットラーはドイツの総統だった当時、軍隊とともにある町に行き、SS（親衛隊）が連れてきたあるユダヤ人の家族と対面しました。その家族は銃殺されることになり、SSが、その家族の小さな女の子の頭を後ろから撃ちました。ヒットラーの目の前で彼女の顔が吹っ飛んだのです。その途端にヒットラーの顔が変わって、体もガチガチに強張りました。それまで、彼は報告を受けてはいたものの、人が殺されるところを目の当たりにしたことはなかったのです。

ヒットラーには、影武者がたくさんいました。彼は地下室で死んだのではなく、南米に逃げたなどという話がありますが、それは事実です。当時、ドイツはロケットを開発していました。そのロケットの研究所を全部爆破するか、あるいはロケットのモデルやエンジンの情報をそのままアメリカに渡すという条件で、影武者がヒットラーとして焼かれたのです。ヒットラーは命を助けてもらうために、交換条件を出し、アメリカがそれを受け入れたのです。

ヒットラーは、残りの人生を島で過ごしました。ハワイ諸島の1つで、アメリカの軍部が持っている島です。いつも警備がついていて、食べ物などは全部空輸されました。彼は87歳まで生き延びたので、世界がどう変わっていったのかを見ることができたのです。

NASAをつくるときヘルプしたのは、ドイツの科学者たちです。V－2ロケットの研究者フォン・ブラウンは、NASAの高官になりました。CIAの人たちもドイツ人でした。ゲーレン機関のゲーレンもそうです。アウシュビッツの医者メンゲレ、クラウス・バービーなど、みんなアメリカに匿《かくま》われていました。アメリカは、盗まれたユダヤの財宝も受け取りました。あまり自慢できることではありません。

アメリカ政府は、戦争犯罪者たちを連れてきて、受け入れてしまったのです。犯罪者とわかっていながら受け入れたということが、アメリカにカルマをつくっています。

私は、『象がタンゴを踊るとき』という本を書きました。これは私の義理の父の話です。私は子供のころ、フロリダ州に住んでいました。その後、ケープカナベラルという名前になった、ケネディスペースセンターがある場所です。私の義理の父は大工だったのですが、コンクリートをつくる人でした。彼はドイツ系で、SSのエンジニアだった人とも友達でした。だから私の義理の父はそういう秘密の情報に通じ、私もまた、結構小さいときからナチスの話は知っていたのです。

ケープカナベラルで仕事をしていた多くの科学者はドイツ人でした。アメリカでは、こういったことは話題にはなりません。タブーなのです。

アルゼンチンには、ドイツ人のコロニーもありました。ペロン大統領が巨額のお金をもらって、歓迎したのです。ローマ法王は「チャペルツアー」といって、SSなどのドイツ人の国外脱出を助けました。なぜ「チャペルツアー」なのかというと、ドイツ人たちは、まず教会に行き、そこからフランスを通り、イタリア、シチリア島に行って、ローマ法王の祝福を受けてから、南アメリカまで船で逃げたからです。相当な数のドイツ人がアルゼンチンに逃げました。それもカトリックのカルマになっています。

カトリックにはカルマがあまりにもたくさんあって、それは想像を絶するほどです。カトリックの洗礼を受けるということは、そのカルマのエネルギーの一部を自分が受けてしまうということになります。実際、あなたが会社に入ると、会社のやっていることの一部はあなたに戻ってきます。もし、あなたの属している組織がカルマをつくり出しているとしたら、あなたもそのカルマをシェアすることになります。

beyond 12 days of photon ⑮

あまり知られていない9・11テロの裏の真実

9・11テロの前に非常に珍しいことが起き、アメリカ政府はそういう筋書きがあることは知っていたのです。

アカシックレコードでは、

何人かの人物が関与しているというように書かれています。

そして、その人たちというのが、

全員中東出身者ではないのです。

9・11テロの裏側には長い話があるのですが、濃縮してお話ししましょう。

ずっと昔、国際的な銀行家たちが基本的にアメリカを支配しました。アメリカのインフラは鉄道で、初期のインフラはドラッグのお金を資金源としていたのです。中国でのアヘン戦争とか、国際的な家族《ファミリー》によるアヘンの大規模な貿易が行われました。お金はイギリスの銀行で洗浄されて、アメリカを築き上げてきたのです。戦争というのは、実は利益をもたらすので、特に大きな国際的な金融機関にとっては、戦争は魅力的です。あまりにも多額の利益をもたらすからです。

テロに対する戦いというのは、はっきりした相手がいないのに戦うわけです。相手がはっきりしていないから、どこだってアタックできてしまうし、戦争は終わりがあるけれども、テロには終わりがありません。だから、テロを相手にすると、常に戦争の脅威というのがあるわけです。そうすると常にいつ始まって、いつ終わるかわからないという状況下で、準備していかなくてはならないし、それによって常にお金が生み出されてくることになるのです。

世界の大金持ちを見ると、戦争から益を得ています。ノーベル賞のノーベルもそうです。彼はダイナマイトをつくることで、莫大な益を得ています。

アメリカでは、憲法の侵食が起き、大金を持っている家系にとっては、デモクラシーはあまり役に立ちません。民主主義の下で自由に生活をしている人たちが、何をやっているのかを追いかけるのは大変だからです。実は、基本的には憲法改正によって、できれば憲法をなくして国民を支配したいのです。実は、憲法に関するそのような運動が、ずっと前から行われています。実際に議会にいくつかの法案が提出されましたが、通りませんでした。それで、何かアメリカ人を脅かすような、不安をあおるようなイベントが必要だったのです。

オクラホマシティで、テロリストによって爆弾が仕掛けられたことがありましたが、多くの人は、テロリストではなく、アメリカ政府がやったのではないかと思っています。その爆発が起きたあと、今までは通らなかった法案が通ったのです。その法律というのは、基本的には個人のプライバシーを通して、情報を得てもいいというたぐいの法律です。

結局、9・11の後にも、いくつかの憲法改定案が通り、ホームランド・セキュリティ（アメリカ国土安全保障省）がつくられたのです。

ブッシュが大統領になれたとき、その使命はお父さんのポリシーの継続でした。なれたという表現は、彼は実際、選挙で選ばれたのではなく、大統領職を与えられたということです。そのポリシーとは、お金を持っている人たちのための、一種のワンワールドの経済圏を目指すことです。ブッシュが大統領になると決まったとき、宣誓をするより前に、彼とディック・チェイニーは軍隊に対して、イラクのインフォメーションも集めていたのです。大統領になる前からイラク侵攻を考えていたわけです。不安定さが戦争を起こすのですが、お金を持っている人たちにとっては、戦争はとても益があります。

9・11の前に非常に珍しいことが起き、アメリカ政府はそういう筋書きがあることは知っていたのです。9・11のその日の軍部は、テロのアタックが来たときのための訓練を本当にやろうとしていました。そういう攻撃を想定して訓練をしようと準備したところに、実際にアタックが起きたわけです。飛行機がハイジャックされたとわかったとき、地上からのレスポンスがあまりなかったのは、リハーサルだと思ってしまったからなのです。

ツインタワーは、たくさんの専門家たちが検証をしましたが、彼らが言うには、ビルはスーパーストラクチャーに沿って、そのままストンと下へ崩れ落ちたということです。下のほうに別の爆弾が、仕掛けられていたからではないかと言われています。ツインタワーは、飛行機が衝突して穴があいたからといって、それで壊れるような構造にはなっていませんでした。

3番目に崩れたビルがあって、それがビルディングセブンです。そこには飛行機は突っ込まなかったのですが、このビルを解体したときとまったく同じように、ツインタワーも崩壊したのです。周りはほとんど壊れていないのに、ビルだけがそのままストンと崩れ落ちるようになっていました。

この筋書きに関して、アカシックレコードでは、何人かの人物が関与しているというように書かれています。そして、その人たちというのが、全員中東出身者ではないのです。

アメリカでこういうことを言ったら、もちろんみんな嫌がるでしょう。なぜなら、もしそれが本当だったら、政府が自国の民に対し、絶対許しがたい裏切りをしているということになるからです。

アメリカの人たちが本当にこのことを信じたら、おそらく革命が起きるでしょう。国民自身がアメリカという国を終わらせ《クローズ》てしまうかもしれません。アメリカには6億丁のピストルがあります。6億丁というのは、1人に2丁ずつあるということです。これは軍隊より市民のほうがより軍備を整えているとも言えるわけで、革命をしようと思ったら成功してしまうでしょう。

そのために政府は、ほかの国からアタックされるぞという脅しを使って国民を支配していかなければならないわけです。だからブッシュは、口を開くたびに9・11の話をします。

beyond 12 days of photon ⑯

ヒロシマ、ナガサキへの原爆投下のカルマが9・11テロを引き起こした

9・11テロは、
ヒロシマとナガサキに原爆を投下したことに対して、
カルマ的な意味でのバランスをとるために、
起きた出来事なのです。

今の地球の環境問題の大きな原因は、第2次世界大戦から始まっているということをお話ししましたが、あの戦争の影響は大きく、9・11テロに関しても第2次世界大戦が大きく関わっています。

私は9・11のことは、日本で1995年くらいから言いはじめていました。アメリカでは1986年からです。ですから、9月11日に、テレビの映像を見たとき、「ああ、やっぱり来たか」と思いました。起きることがわかっていたから。

変えられない予言というものもあります。何が起きても変えられない出来事というのはあって、アメリカで9・11について話したときにも、誰も興味を持ちませんでした。

日本でも話をしたのは、9・11は日本と関係する出来事だからです。9・11テロは、ヒロシマとナガサキに原爆を投下したことに対して、カルマ的な意味でのバランスをとるために、起きた出来事なのです。その意味で9・11も第2次世界大戦からスタートしていると言えるかもしれません。日本ではその意味が重要だったのですが、アメリカでは重要とは受け止められず、出来事を変えようという動きは起きなかったのです。

9・11に関しては、起きたあとに、アメリカ人がその出来事に対して強い恐れを感じるだろうということ、そのために政府の言いなりになっていくのではないかということが理解できました。でも、だれかが予言にちゃんと耳を傾けて、情報を吟味して、起きるとしても、結果をもう少し違う形にしてくれないかという希望が、私にはありました。しかし、希望は果たされませんでした。

9・11に関するブッシュのスピーチは、ヒットラーの演説とほとんど同じことを言っています。言葉そのものさえあまり変わっていないほど、似ているのです。そのヒットラーの演説というのは、ドイツ本部がアタックされたときにした演説です。「今や我々がこの国の進むべき道を進めていかなければいけないのです。それは全員の安全のために」というもので、ブッシュも同じことを言いました。しかもその攻撃というのは、実際にはドイツ政府が仕掛けた自作自演だったのです。ここに何か皮肉めいたものを感じています。

今のアメリカは、リーダーシップが道に迷ってしまっているのでしょう。アメリカは、人ではなく、会社によって経営される国になってしまったのです。ですから、次の大統領選挙は非常に重要なものになります。もし、どの政治団体に属していますかと聞かれたら、私は無党派《インディペンデント》だと答えるでしょう。

アメリカでは、こういうことを信じているから、私は人気がないのです。理由もわかります。政府に対する私の態度は、あまり多くの人には受け入れてもらえません。ほかの部分では人気があっても、政治的意見に関しては人気がないのです（笑）。

アメリカの問題は、クリスチャンベースの国なので、未来を見るのが難しいことです。あるレクチャーをした後で、1人のキリスト教信者が私のところにやってきて、「あなたはアメリカに住めることに対して、神に感謝しなきゃいけない。ほかの国だとリンチされちゃうよ」と言いました。殺されてしまうと言われたのです。自分たちの宗教、信念だけが正しいと思いこむこと以上に、目覚めを阻《はば》むものはありません。

私はアメリカ国民です。私は自分の国が大好きです。だから私は、できれば自分たちの国のためにすばらしい未来を予言したいのですが、予言者は認めてもらえないものなのです。

beyond 12 days of photon ⑰

もう古い自分に戻れないときがくる……

あるポイントで、

肉体的にも精神的にも感情的にも一種の変異が起きて、

もう古い自分には戻れなくなります。

それが量子的飛躍――クォンタム・ジャンプです。

人間は、もう少しで目覚めて、本当に素晴らしい叡智が手に入りそうというところまで来ると、一歩下がってしまう、また進むとまた下がってしまうということを続けています。

後退する原因は、人々は慰めを欲しているということです。その慰めは、なじみのある古い世界観なのです。なじみのあることは、私たちを安心させます。たとえなじみあることが苦痛であっても、慰めになるのです。

本当に拡大し始めると、自分が全部の情報にアクセスできるし、自分の周りのものすべてを、より拡大した意識で感覚的に体験することができます。だから、誰かと話すだけではなくて、相手の感情とか、体に痛みがあったらその痛みまでも全部感じてしまいます。相手の人と完全につながることができるのですが、それは自分の全身がさらされることになります。

私たちが外国に行くとき、飛行機の翼の上に立っていたら、落ちるのではないかと怖いし、体全体に外気をまともに受けなくてはなりません。飛行機の中にいたほうがずっと楽です。そういうフィーリングなのです。

そのために、意識が拡大すると普通の慰めという感覚の枠から外れてしまいます。そこまで出てしまうのは本当に怖いので変えたくない、これまでのように布団にくるまって、無意識になって眠りたいと思ってしまうのです。本当にいいところまで行くのに、一歩退くという感じです。でも、叡智を手に入れるのは本当は、すばらしいことです。

私がクライアントさんとワークをすると、境界線がなくなります。クライアントさんは簡単に変わることができるのです。クライアントさんは、私のそばにいる間に明晰になって、完全性を感じます。しかし、セッションルームから出て日常に戻ってしまうと、新しいアイディアは自分の中に入っているにもかかわらず、古い考え方に戻ってしまいます。

ですから、誰かが「私は変化したい」と言ったときに、私は「家族の中にあなたの変化を望まない人が、誰かいますか？」という質問をします。身近な人で、あなたに変わってほしくないと一番強く思っている人は誰か。今までのあなたと違ってしまっては困ると思う人は誰かということです。

みんな、自分は変わりたいと思うのです。変わらなくては、というインスピレーションも来ます。でも、親がいたり、子供がいたり、家族や愛する人がいるので、変わるのは大変なのです。だから、そこで進みかけても一歩退いて、古いやり方に戻ります。そこでちょっと慰められるのです。そしてまた、自分がやっていることは何かを確認するチャンスが来ます。もう一度見ると、古いやり方がどんなものかわかります。その確認がとれると、また前に進めます。

子供時代の友達と交友が続いていないとしたら、自分自身が拡大してしまって、その部分は終わったということです。誰かが電話してきて、「今度、東京に行くからぜひ会いたい」などと言われたら、自然にあなたの意識の一部はちょっとスリルを感じます。みんなどうしているのだろうとか、何をしてきたのだろうとか、どんなやつになったかなとか思います。同窓会などはそのためにあるのかもしれません。友達関係の中で、自分はどう変化してきたかということを知ることで、自分自身を知ることができます。

前進、後退を繰り返しながら進んでくると、あるポイントで、遠くに行き過ぎてしまって境界を越えてしまう時点が来ます。そうすると、もうもとには戻れません。言わば変異するというのでしょうか、肉体的にも精神的にも感情的にも一種の変異が起きて、もう古い自分には戻れなくなります。それが量子的飛躍――クォンタム・ジャンプです。

自分の前世を知る、輪廻転生を知ることが、量子的飛躍です。過去世で、いろいろな人生を反射的に反応しながら生きて、ゆっくり転生を繰り返してきました。量子的飛躍をすると、その結果、すべての過去世が見えるようになります。すると自分は、こんなふうに進んできたというのが見えるし、すべての転生が、今自分がここにいるその瞬間に対して、全部収束しているのだということがわかります。そして、小自我を手放して、自分がかつて過去世で誰であったか、あるいは自分がどういう人間になるのかということに、一切恐れを抱かなくなります。

多くの人が、過去世で自分がひどい悪人だったらどうしようと怖がるのですが、私はその人に、「自分が悪者だったことがありますようにと、ぜひ祈ってください」と言います。というのは、もし悪人であった過去世がないなら、これから未来にそれが起きる可能性があるからです。未来で悪いことをしなければいけなくなる。魂は、そういうすべての体験をするためにこの地球に来ているのです。物語の1つの側面だけを体験しても、それでは済みません。反対側も見なければならないのです。

beyond 12 days of photon ⑱

魂同士のつながりとカルマの関係性

今、分離の状態が終わろうとしています。

人々は、本当に自分のカルマとか葛藤を

完了しようと思っています。

カルマを完了させるために、いろんな関係性が生まれます。

魂の構造において、前世でも今世でもツインソウルやソウルメイトにめぐり合うというのは、本当です。

お互いに同じメンバーで何度も何度も一緒に転生するのは、まずはなじみがあって、居心地がいいということがあるでしょう。ソウルグループで転生しますが、実はそのグループのメンバーは、全部が同じテーマを持っています。お互いに似たような考え方をしているから、居心地もいいし、お互いに比較もしあいます。

私たちは、ソウルグループで集まろうと仲間を探します。どういう魂同士が集まるのかというと、社会意識では、外見によって似た者を見つけようとします。その人がどういう服を着ているのかとか、どういう行動をするのかで、似た者を見つけようとします。外見で惹かれ合っているように見えますが、真に惹かれているのは、その人が発するバイブレーション、ハーモニクスです。いったん魂というものに気づいて魂同士がつながれば、転生を超えて、何度も何度も出会えます。なぜなら、好きだからです。

好きだから一緒に転生するのですが、もし誰かとの間に葛藤ができたら、今度はその相手を罰する（punish）ために戻ってきたりします。しかしpunishというのは実は間違いで、完結する（complete）ために戻ってくるのです。バランスが崩れているから、そのバランスをとり戻すために戻ってきます。魂はいつでもバランスを見つけようとするのです。ある魂との関係性のバランスが崩れたまま死んでしまったら、結局、そのバランスを戻すために、また出会います。

そういう2人が、けんかしたり仲が悪かったりするのに、一緒にいるのです。セラピストや周りの人が、「なぜ一緒にいるんですか。おかしいじゃないですか」という関係性を続けるのですが、それが2人の魂にとっては必要なのです。

カルマというのは、バランスが崩れた状態です。それがまた人を一緒にくっつけるわけです。再び出会いその魂に対して自分が本当に心を開いて、その魂を認めることができれば、カルマはそこで終わります。

でも、人間はみんな自分が正しいと思いたいのです。そういう必要性を持っているので、再び出会うと、お互いに「ああ、会えたね」というのではなく、ここから再び葛藤がはじまります。その葛藤を通して、だんだんバランスが生まれてくるのです。結局、葛藤することは、相手を認めることのネガティブな表現ですから、つらかったり、しんどかったり、長くかかるのですが、バランスが生まれます。バランスが戻り、1度そのカルマが終わると自由になれるのです。

東京のあるクライアントさんは、今は妻と夫ですが、過去世では、ある村の若い恋人同士でした。その村へ軍隊がやってきて矢を放ちました。恐ろしさのあまり、ぎゅっと抱き合っているところへ矢が飛んできて、2人を同時に貫いたのです。お互いに「もう1回会いましょう」と言いながら、死んでいきました。

今世では、まったく同じ年に生まれて、出会いました。再び出会ったとき、「あなたのことを知っている」という感じがして、特別な意味のある出会いだから、結婚しようということになりました。過去で約束したのは、「結婚しよう」ではなくて、単に「もう1度会いましょう」というだけでしたが、その2人はさらに一歩踏み込んで、結婚まで行きました。カルマとは一種の接着剤のようなもので、2人をくっつけたのです。

カルマが終わって接着剤がなくなると、フーッと離れていきます。カルマが終わったときは、どうしたらよいでしょう。答えは、一緒にいられるものを見つけることです。例えば2人でできる趣味を探すなど、一緒にやることを見つけなければいけません。そのクライアントさんは、一緒の趣味を見つけて、毎週、毎週、本当に質の高い大切な時間を2人で過ごしています。

カルマが終わってしまうと、お互いに「ありがとう」と言うかわりに、今までずっと一緒に生きてきたからと、お互いにしがみつこうとします。しかし、それにはやはりエネルギーも必要です。何かに無理にしがみついているというのは、時にはベストでないこともあります。

今、分離の状態が終わろうとしています。人々は、本当に自分のカルマや葛藤を完了しようと思っています。ですからお互いにソウルグループのみんなを見つけて出会い、カルマを完了させるために、いろいろな関係性が生まれます。

beyond 12 days of photon ⑲

魂意識が優位になると
運命もＤＮＡも変えられる

私たちの現実は、

結局は、自分が予言して、

自分でその予言どおりにしているようなものです。

その予言は、遺伝的なプログラムにあります。

でも、魂意識が本当に優位に立つと、

ＤＮＡさえも変えることができます。

人間の魂の一生は、トータルではみんな同じです。必ずバランスが戻ります。最初の転生をどんなふうに生きるかというところから、だんだんに調整をとっていき変化して、またバランスをとり戻します。いつでもそうです。

でも、本当に道に迷ってしまう魂がいます。あるクライアントさんは、何回かの連続した転生で、5回とも自殺という形で人生を終えました。そういう魂は、地球から一たん離れます。地球以外の別のシステムに連れて行かれて、そこでバランスをとって、また地球に戻ってきて、地球での転生を続けます。

そのクライアントが、「どうして私はこんな変な夢ばかり見るのでしょう。夢の中で私は必ず自殺するんです。子供のころからずっとこういう夢を見続けていて、その後、私は自分がエイリアンみたいな感じがして、地球に初めて来たような気がするんです」と言いました。私は、彼女が何回かの過去世で連続して自殺をしたという話をして、「あなたは別のシステムに行って地球に戻ってきたから、エイリアンみたいな感じがするんですよ」と話しました。彼女がそれを全部理解したとき、悪夢も止まって、自分がエイリアンだという感覚もなくなりました。

私たちは、常にバランスを見つけようとしています。彼女の魂を地球から連れ出した存在があります。過去の文献では、「カルマの主」と言われていますが、本当に進んだ存在（advanced-being）です。advanceというのは、宇宙的な意識が完全に拡大して、気づきの度合も非常に深い存在ということです。

臨死体験をしたときに、別の惑星に生まれて、そこである程度過ごしてから、また戻ってきて蘇生したという経験を語る人もいます。そのたとえはよくわかります。自分の体験を言葉で説明するには、そう言うしかありません。その体験があまりにもリアルなので、まったく別の世界に行ったという感じなのです。

でも、実際はそうではありません。「別の世界」はヴェールの向こうにあるだけで、別のところでなくて、ここにあるのです。次元が違うのです。

あなたと、あなたのからだの外に出た魂のたった1つの違いは、あなたは五感を通して、今の状況を体験していますが、魂は、物理的にそれがない状態になっています。時間と空間の境界線がなくなって、五感という制限がなくなります。ある種、ほかの次元は、五感よりもずっとリアルなのです。ものすごくリアルです。

五感は私たちが、こういうものが聞こえるだろう、こういうものが見えるだろうと、期待するものを体験させてくれます。ですからあなたに暗示をかけることができます。この床はカーペットでなく、四角いタイルが敷き詰められているんだよと暗示をかけるとしましょう。あなたのマインドが四角いタイルを期待するので、五感は四角いタイルが見えてくるのです。催眠術では、実際にそういう体験をする人がいます。はたで見ているとおかしいのですが、本人はそういう体験をしています。

ある実験があります。催眠術をかけられ、非常に深いトランス状態になった人が、鉛筆をとても熱い金属だと暗示をかけられて、「あなたの腕につけますよ」と、腕につけられたら、実際に火ぶくれができてしまいました。自分の五感だけではなくからださえも、自分が期待していることに沿おうとするということです。

私たちの現実は、結局は、自分が予言して、自分でその予言どおりにしているようなものです。その予言は、私たちにプログラムされたものですが、そのプログラミングの1つは、遺伝的なプログラムにあります。ある人は、実は50%が遺伝だと言っています。

私は、魂意識が完全に顕在意識に入って優勢になるまでは、そうなると思います。でも、魂意識が本当に優位に立つと、DNAさえも変えることができます。それは根本的にアセンションと関係があります。分離の時代は、DNAが原動力になっていました。ユニティの時代は、魂意識が原動力になって進んでいきます。

魂意識が芽生えるまでは、人間の運命はあらかじめ決められたとおりに動いていますが、目覚めれば、自分の運命は自分の好きなように決めることができます。

beyond 12 days of photon ⑳

葛藤を手放せば、
すべての思考はあなたの現実となる

葛藤を解決する方法は、たった１つだけです。

葛藤に参加しないことです。

『ザ・シークレット』のような成功法則の本を読んでも、

ほとんどの人が成功しない理由は、葛藤です。

葛藤を解決できれば、自然に成功します。

テクニックは要りません。

『ザ・シークレット』という本がベストセラーになっていて、DVDも発売されています。その中では「全部の想念があなたの現実をつくります」と言っています。それはそのとおりです。でも、本当の秘密は、葛藤を手放せれば、すべての思考はあなたのリアリティになるということです。

ですから、全部の思考が自分の体験をつくるというふうに思っても、内側に葛藤があれば、現実化は起きません。例えば思考がすべての現実をつくるのであれば、億万長者になるぞと思えばなれるはずですが、内側に葛藤があったらどうでしょう。あなたが知っているお金持ちがみんな悪人で、あなたの内側で、お金を持っている人は悪いやつだという概念を持っていたとします。そこにそういう葛藤があれば、お金が現実化するのを邪魔してしまうのです。

悪いことをしてお金を儲けて成功している人は、葛藤がないのです。もし実際に葛藤があれば、カルマとしてその人に戻ってきます。すごいお金持ちで、いろいろ葛藤があるけれども、いずれにせよどんどんお金を儲けている人は、どこかでそのバランスをとる必要が出てきます。豊かさをまったく葛藤なしに生み出しているとしたら、そういう豊かさは、通常は利他のために使われます。

すばらしい例がビル・ゲイツです。彼は、豊かさに関してまったく葛藤がありません。その豊かさを世界にどんどん還元していきます。葛藤は、豊かさをキュッとつかんで離そうとしません。豊かさを葛藤とともに生み出しているのだったら、1ペニー、1円でも手放したくないという形になっていると思います。

『ザ・シークレット』の思想を本当に理解すれば、葛藤があれば、望んでも体験は来ないということがわかります。問題は、やったのにまたうまくいかなかった、自分のどこかがきっと間違っているんだ、ほかの人はちゃんとできているのに何で自分には起きないんだと思うことです。それは、また新たなる葛藤をつくり、自己嫌悪とか自己批判という形になります。だから、多くの人は、それは希望だけれども、それ以上のものではないということで、願うことを断念します。『ザ・シークレット』のような成功法則の本を読んでも、ほとんどの人が成功しない理由は、葛藤です。葛藤を解決できれば、自然に成功します。テクニックは要りません。

葛藤を解決する方法は、たった1つだけです。葛藤に参加しないことです。もし葛藤を感じたら、そこに自分が参加しなければよいのです。逃げたり無視するのではなくて、葛藤を感じて、葛藤だと気づいたら、それを実際の行動に移さないことです。自分が葛藤をベースにした思考をしているなと気づいて、ちゃんと認めれば、そのまま継続していくことはできません。

例えば、あなたが誰かと口論しているとき、突然、相手がもう口論をやめようと思い、「アイ・ラブ・ユー」と言ったとします。すると、いくら相手を口論に参加させようと思っても、あなたは声を荒らげるかわりに、声がだんだん小さくなっていくのです。つまり、相手が参加していないので、最終的には、あなたも口論をやめざるを得なくなります。そうなると、あなたは別の部屋に行って、自分ひとりで、私は正しかった、相手は間違っていたんだと続けていくしかなくなります。

私たちは、みんな正しくありたいのです。なぜなら、少なくとも私たちの頭の中では、正しいことは愛されることとイコールになっているからです。愛されていると感じると、バランスがとれている状態を感じることができます。だから、バランスを感じるために正しくありたいのです。私たちの中にある正しくある必要性は、単に葛藤にえさを与えていることになるのです。

アインシュタインは天才でした。なぜなら彼は2つの正反対の信念を、同等に証明することができたのです。彼は、こっちでなければいけないとか、こっちが正しいという必要性を持っていませんでした。

私は、「成功する」という概念を信じていません。成功しようというふうにセットしてしまうと、成功という判定の前に失敗というのが来ます。だから、葛藤なくすべてがすでに成功していると思えばいいのです。

beyond 12 days of photon ㉑

葛藤が思いを叶えるブロックになる理由

魂意識がある考えを持つと、

潜在意識がその思いを実際に物質化する、

現実化していくのですが、

葛藤がいっぱいあると、

幾重にも重なったフィルターを通すことになります。

物事が現実化しにくくなります。

身体に魂が宿っていない状態のボディは、動物と同じです。魂が身体の中に入ると、無意識に行われるのですが、魂の過去世の記憶が身体のほうの意識に入っていきます。そうすると、魂の持っている過去世の記憶と、身体が持っている身体の過去世の記憶とがブレンドします。ブレンドしたものが、人格、自我というものをつくるのです。

魂意識というものは、宇宙が生まれた瞬間に一緒に生まれています。どんな状態でも不変の、ともかく何があっても変わらない存在で、創造主の意識と同じと言ってもいいものです。魂意識は創造主から出ていき、各魂のユニークな視点から創造そのものを観察し、体験していくということです。地球というのは次元を持った現実です。地球に降りてきて、その現実をのぞき見るのです。

身体意識は不変ではなく、進化する存在です。最初に創造主が持ったヴィジョンの細かい部分を、満たしていくのがこの進化する存在なのです。身体意識は潜在意識というようにも呼ばれます。身体意識には、初めて物質が地球上に生まれてからの何億年もの記憶や知識がすべて入っていますから、非常に深遠かつ広大なのです。

魂が地球に降りてきたとき、人間の身体にコンセントを差し込む感じで、魂は、胸腺から体の中に入っていきます。魂がいったん体の中に入ると、体の中の網目のようになっているエネルギー・グリッドに広がっていくのです。

魂がいつ人間の身体に入るのかというと、通常、誕生の3カ月くらい前からと言われています。しかし中には、生まれて3日くらい経ってから、身体とつながる魂もあります。魂というのは、子宮の中の体験を本当にエンジョイします。その子宮内の体験があるから、子供とお母さんの絆が深まります。子供がお母さんとの絆を強く感じない場合というのは、その子の魂が、実は肉体が生まれた後に降りてきたという可能性があります。

小さい赤ちゃんは、お母さんの胸に頭をつけて抱かれると、心臓の音を聞いて安心してよく眠ります。でも魂が、生まれたあとに肉体に降りてきた子供というのは、いくらお母さんの心音を聞いても、あまり影響を受けないのです。ですから、そういう赤ちゃんは胸に抱きとめても、まだいらついていたり、泣き続けたりするのです。お母さんは、「私はどこか悪いんじゃないのかしら。間違っているんじゃないのかしら」などと思うのですが、魂がいつ身体に入ったかということも問題になるのです。

魂なしでも、身体だけで生きることができます。魂意識がなくても身体意識で生きることもできるということです。魂がなくても、思考や、会話さえできるのですが、自分が選んだレスポンスというのはありません。魂のない人がもし反応するとしたら、

人間意識

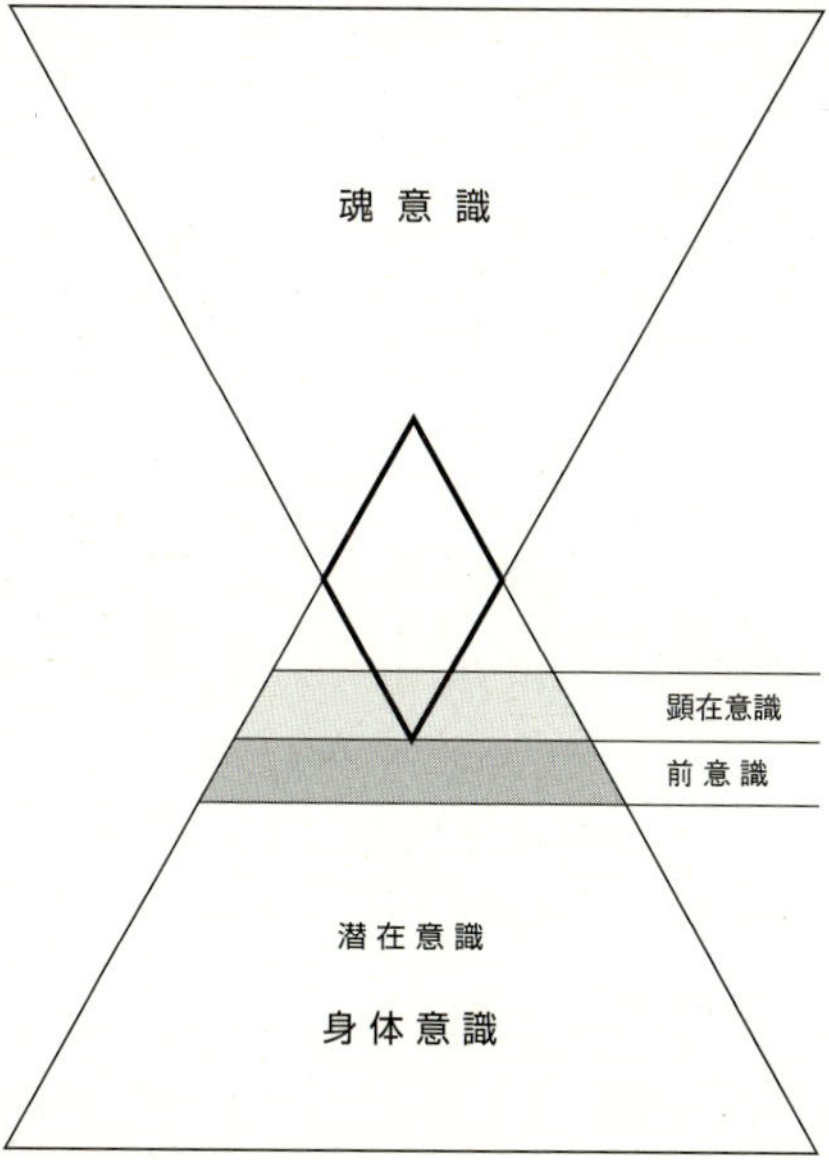

魂が地球に降りてくると身体にコンセント差し込む感じで広がります。魂意識と身体意識が２つ組み合わさったものがマインドになります。

それは本能からのいわゆるサバイバルに関係するリアクションということになります。

魂意識と身体意識2つが組み合わさったものが、いわゆるマインドになります。その2つが結合する場所、ちょうどつながるところが「前意識」と言われます。魂意識と身体意識と、そのちょうど中間に前意識があるのです。そして、前意識というヴェールを通して、潜在意識と魂意識の中の顕在意識とが話し合っています。

葛藤があると、それが前意識の上に積み重なっていきます。すると、身体意識のほうに一種のフィルターができて、身体意識が前意識のほうに行けなくなってしまうのです。つまり、顕在意識と潜在意識がしゃべれなくなるのです。

魂意識がある考えを持つと、その考えが前意識を通して潜在意識に入ります。この潜在意識がその思いを実際に物質化する、現実化していくのですが、葛藤がいっぱいあると、幾重にも重なったフィルターを通すことになります。考えが歪められたり、なかなか身体意識に入れなかったりして、物事が現実化しにくくなります。このフィルターが、実際に考えてから物事を現実化するまでの、時間というものを決定していくわけです。

地球のエーテル体の外側、地球の周りには、想念帯という思考の帯、思考のバンドがあります。想念帯は、地球のエーテル体の周りに、バウムクーヘンのような層を形成しています。

私たちは、自然にいろいろなものを思考で生み出していますが、魂が肉体の中に入っているときは、想念帯に、自分のチャンネルを合わせているという形なのです。覚醒する前は、自分自身の思考でなく想念帯に合わせているだけなので、思考してから現実化するまでに時間がかかります。

自分の内側に入っていって——自分自身がアカシックとつながっているところに入って、自分のアカシックを読むという方法があります。潜在意識というのは常にアカシックから機能していますので、自分の潜在意識にアクセスできれば、そこからアカシックレコードにつながれるということです。

潜在意識につながれば、アカシックレコードから好きな想念帯につながることができます。今まで地球に生まれている人で覚醒した人たちは、その人の思考の想念帯をつくっているので、覚醒したマスターと非常に似たようなハーモニクス（波動）を持っている人は、そのマスターの想念帯につながるわけです。

覚醒の最終段階まで行くと、魂意識と身体意識が重なり合ってダビデの星状態になります。身体意識がやわらかくなっていくと、魂意識と重なって、2つが完全に1つになるのです。覚醒したら、単に想念帯に合わせるのでなく、自分自身の新しい思考をつくり出すことができるようになります。そうすると、自分が生み出した思考はすぐに現実化します。その間にラグタイムはありません。

beyond 12 days of photon ㉒

ツインフレーム——
なぜ、結合する魂が必要なのか

２つの魂が結合すると、お互いの知識をシェアできます。

すべてお互いの知識が入った状態です。

地球に降り、それぞれが転生するということだけで、

膨大な情報量と経験を手に入れることになるのです。

美しい魂が地球に転生して生まれたと想像してください。ほかの仲間と一緒に転生してきました。しかし、魂1つだけでは肉体に入ることはできないのです。なぜなら、1人で入ろうとすると、文字どおり、道に迷ってしまうからです。

魂は永遠に不変で一定の存在なので、変えられないし、変わりません。創造主さえも私たちの魂のハーモニクスを変えることはできません。しかし、肉体は一瞬一瞬変わっています。肉体のエネルギーと魂のエネルギーは180度違うのです。正反対です。ですから、まず肉体に魂が入るという状態そのものが、すでに強烈な葛藤なのです。それが神秘学的見地からいう、原罪です。

魂の意識は、常にパーフェクトなハーモニー、完全なるバランスを求めてしまいます。しかし、肉体の中での体験と魂意識の体験は同じではありません。そうすると、何か違うという不完全性が自分の中に残ります。あるいは、バランスが崩れます。地上の肉体に入っているときは、いわゆる人格／エゴという部分ができるのですが、そこが不完全性、バランスの崩れといった葛藤を持ってしまうと、もともとの自分の魂の波動をなかなか思い出せなくなります。

ですから、魂が1人で入ってしまうと、肉体の世界に完全にはまり込んでしまいます。肉体という体験から出るのに何百万年もかかってしまうでしょう。いわゆる物質の世界の中に溶け込んでしまって、自分がどこから始まってどこで終わるのかもわからない状態になってしまうのです。

そこで、この次元での体験が終わったら、早く別の次元に行くために、同じようなハーモニクスの、別のもう1つの魂とくっつくのです。2つの魂が結合することによって必ず出口を確保しておいてから、地球の体験に入ります。1度結合したあとは、両方とも自由に転生を始めます。これが『アトランティスの叡智』（ゲリー・ボーネル著　徳間書店刊）に出てくる結合する魂です。

2つの魂が結合すると、お互いの知識をシェアできます。両方のキャラクターを獲得し、お互いの資質が双方に入り込んでいる状態です。魂は結合する前のオリジナルのハーモニクスに帰ろうとするわけですが、すでに相手の魂の波動が入ったまま戻ろうとすることになります。魂がもとに戻るときには、自分の体験だけでなく、結合した相手であるツインフレームの転生の知識や体験も全部入っています。地球に来る前の様々なシステムでの体験なども含めて、すべてお互いの知識が入った状態です。別の魂と結合して、地球に降り、それぞれが転生するということだけで、膨大な情報量と経験を手に入れることになるのです。

beyond 12 days of photon ㉓

子供の意識の拡大を助ける親の役割

子供は魂だったときの記憶があって、

考えたものがすぐに現実化する体験をまだ持っているのです。

ですから、親が子供の思考に対し、

現実において合わせてあげられるなら、

子供の魂の部分は本当に拡大します。

私は実生活では父であり、夫でもあります。そして、アカシックレコードを読むということをしています。入ってくる情報を良いインフォメーションと悪いインフォメーションに分けるわけにはいきません。この能力を開いてしまうと、良いニュースも悪いニュースもみんな入ってくるのです。

父親としては、娘の未来を見たときなど、しんどいこともあります。でも、もし私にこういう能力がなかったら、娘はもう死んでいたであろうという出来事もありました。能力があったからそれを避けることができたのです。そういう意味ではとても良かったと思っています。でも、そういう情報を見なければいけないというのはつらいことです。

私が完全に社会から切り離された隠遁《いんとん》生活をしていたとしたら、日常の生活に無関心でいられて、それほどつらくないのかもしれません。

私のような能力を持つ人間同士のネットワークはあります。私よりも力のある友達もいます。でも、彼らはプライベートな人生を選んでいます。

自分自身の予言で、ドキッとしたり、不安になったりはしません。なぜなら、基本的に人間の意識が持っている潜在能力というものを理解しているからです。時々、えっと思うのは、何で人がこんなに自ら進んで苦しもうとしているんだろうと感じられるようなことを見るときです。人間が自分を苦しめる能力というのはすごいなと思いますし、本当に驚きです。

このような私たちの苦しみの中心にあるものは、実は認めてもらうこと、承認の欠如から起きています。親から認めてもらえなかったとか、そういうところからスタートしているのです。その親もまた彼ら自身の親から認められないで育ったというようにずっと続いているのです。「承認の欠如」が、ほとんどの好ましくない行動のもとになっています。

子供のころに、「お母さん、これ、ちょうだい」と言ったとき、「だめよ。今忙しいから、ちょっと待ちなさい」と言われます。その緊張《テンション》が子供のからだの中にずっとたまっていきます。それが葛藤です。欲しいのに、何で手に入らないんだと。それがあまりにも大きくなり過ぎると、我々の人格、潜在意識も変化してきます。本当に優しい男の子に生まれても、怒れる大人になってしまうのです。

思考を持ち、それが現実化して、手に入るということは、acknowledgment（承認）の一番基本的な形です。ちょっと変に聞こえるかもしれませんが、子供がある考えを持って、その子供の考えを親がサポートしたとします。それは、親が子供を魂としてちゃんと認めた、acknowledgeしたということです。

子供は魂だったときの記憶があって、考えたものがすぐに現実化する体験をまだ持っているのです。ですから、親が子供の思考に対し、現実において合わせてあげられるなら、子供の魂の部分は本当に拡大します。親の責任はとても大きいのです。1人1人の気持ちはそれぞれがユニークで違い、しかも、その魂のバランスがどこにあるか知ることは、親にとってはすごく大変なことです。

しかし同時に、人間の意識が歓び《ジョイ》を体験するための、ものすごいキャパシティがあるということも知っています。その人がすべての葛藤を手放したときに、その人自身が感じるジョイは、この世界を明るくすることができるのです。

悪いことをしたら地獄に落ちる、良いことをすると天国に行くという考え方は間違っています。天国とか地獄という場所は存在していません。

beyond 12 days of photon ㉔

人はみなアカシックレコードを読んでいる

夢を見るときの身体は、

アカシックからすごくたくさんの情報を得ています。

ですから、

すべての人がアカシックレコードを読んでいるのです。

私に対する質問の中には、全然お答えできないものもあります。アカシックレコードでわかっているけれど、相手には言わないほうがいいという情報があります。そういう場合は相手に合わせて情報を徐々に開示していくことが、逆に助けになると思います。情報を開示し過ぎると、その人の意識を圧倒してしまうからです。

また、本当に答えの見つからない質問があります。何で魂なのだろう、何で魂である本当の自分を忘れてしまうんだろう。それに関する答えはわかりません。なぜ魂が物質の中に入ろうとするのか、そういう体験に惹かれてしまうのか、誰も知らないのです。この地球よりももっとすごい場所がたくさんあるのに、魂が身体に入るということは、太陽の全部のエネルギーをこの小さな場所に入れるようなものなのに、なぜそんなことをするのかはわかりません。

答えがわからない質問は、ほかにもいろいろあります。実際、わからないことがたくさんあるのです。アカシックレコードには膨大なインフォメーションが存在していますが、それがいったい何の情報なのか、誰にもわからないものがあるのです。つまり、解読不能の言語があるという感じです。説明さえできません。

私の友人の宇宙物理学者の家には、リビングルームに大きなホワイトボードがあって、そのホワイトボードの上にいろんな数式などがバーッと書き散らしてあります。その前に立つと、私の頭は空っぽになります。でも、彼は数式の細かいところまで、すべてわかって書いているわけです。彼にとって、それは意味があるわけですが、私には全然わかりません。これと同じように、アカシックレコードで解読できない情報は、人間のためではなく、別の生命体のための情報なのかもしれません。

最近、日本でも、透視能力を持った元ＦＢＩ職員が、日本で起きた犯罪についてコメントするテレビ番組が放映されていると聞いています。彼らが行うリモートビューイングとアカシックレコードへのアクセスは、大分違うものです。リモートビューイングは、時間と空間の枠組みの中で行われますが、アカシックレコードは、言ってみれば単なる貯蔵庫で、そこにあるのは情報だけです。情報自身がアカシックレコードなのです。ですから、リモートビューイングとはシステムが違うわけです。

例えば「あなたの家のカウンターに何が載っているのか」を見るのに一番いい方法は、リモートビューイングです。人によっては、「リモートビューイング」ではなくて、「バイロケーション」とも呼びます。意識は完全にここにありながら、同時にどこか別の場所にもいる感じがするので、バイロケーションと言うわけです。バイロケーションは、体外離脱（アストラルプロジェクション）の一歩手前の状態です。

アカシックレコードに直感を使って入る人もいれば、透視能力あるいは透聴《とうちょう》能力を使って入る人もいます。また、フィーリングで、ただ何となく情報を感じるという人もいます。アカシックレコードに意識が入ると、自分がその中に入っていくということがわかります。質問したら、自分自身がその答えそのものになるという感覚を抱きます。多くの人がアカシックレコード・リーディングのテクニックを学びますが、初めのうちは前意識状態に入って答えを夢に見ているという感覚になります。実際に、夢を見るときの身体は、アカシックからすごくたくさんの情報を得ています。ですから、すべての人がアカシックレコードを読んでいるのです。

リモートビューイングやサイコキネシスは、その方法をシステム的に学ぶことができます。アカシックレコード・リーディングも同様です。誰でもアカシックレコードに入る方法を学ぶことができます。我々はみんな、実際には無意識ですが、しょっちゅうアカシックレコードにアクセスしています。結局、どこでアカシックレコードとつながるかというポイントを見つけるお手伝いをすればいいわけです。

beyond 12 days of photon ㉕

中国のピラミッドで
クリスタルディスクが発見されていた！

クリスタルディスクには、すべての文明のすべての歴史、

そして未来の歴史までもが記録されています。

そのディスクを見つけて再生することができれば、

アカシックレコードにアクセスしたときと同じように

いろいろな情報が得られるわけです。

レムリアの人とアトランティスの人たちは、すべての情報をクリスタルディスクに記録しました。我々は、情報が記録されたものについて「タブレット」という言い方をしますが、クリスタルディスクは文字どおりディスクです。今のCDやDVDに近いテクノロジーですが、クリスタルディスクはCDやDVDのように薄いものではなくて、多少厚くなっています。

クリスタルディスクには、すべての文明のすべての歴史、そして未来の歴史までもが記録されています。ですから、基本的にはアカシックレコードと同じです。そのディスクを見つけて再生することができれば、アカシックレコードにアクセスしたときと同じようにいろいろな情報が得られるわけです。

問題は、科学者がクリスタルディスクを発見したら、それを公開しないで自分たちで抱え込んでしまうだろうということです。情報が多くの人にシェアされない可能性が高いのです。『死海文書』でも同じ問題が起こりました。科学者が見つけて抱え込んでいるために、誰も見られなくなってしまったのです。

中国のピラミッドでは実際にクリスタルディスクが見つかりました。その中には20万年の歴史のほかに、天文学、地球の形が変化したこと、医療的なこと、技術的なことなど、膨大な情報が原始的なアートワークのような形で入っています。クリスタルディスクのテクノロジーは、我々が開発したCDのようにスピンします。情報はホログラムのイメージとして入っていて、ホログラムのすべてのサイドは別々に読み取ることができます。

私は、ジョディ・フォスターが主演した映画『コンタクト』を見て、とても幸せな気分になりました。あの映画の中に、いろいろなものがまとまって、次元的なメッセージをつくるシーンがありました。あの場面と同じように、クリスタルディスクを読むと、ホログラムでパッと情報が得られるのです。

我々は、暗号解読のコードを発見しました。それは中国の漢字です。中国の漢字と同じものが使われているので、古代の情報を部分的に解読することができます。また、やはり古代の言語の1つであるシュメールの文字も書かれています。しかし、中国政府はそれを隠しています。中国の科学者がそれを囲い込んでしまうと、ほかの世界は恩恵を受けることができません。

beyond 12 days of photon ㉖

カブレラ博物館のイカの線刻石

カブレラストーンに描かれた銀河は、

現在、観測されている銀河の状態とかなり整合するそうです。

また、波形模様が刻まれた石の波形は、

次元と次元の間のスペース、

次元の扉ではないかと思います。

ペルーのイカにカブレラ博物館があります。カブレラ博物館は、医師、科学者であるカブレラ博士の個人博物館で、「イカの石」と呼ばれる線刻石（グリプトリス）が展示されています。カブレラ博士は1万個の線刻石を集めました。最も大きなものは3メートルほどあります。それらの石は、地元の男性がお金と交換でカブレラ博士のところに持ち込んだもので、5万個あると聞いています。あまりにも石がたくさんあって、外に置きっ放しになっているものもあるそうです。石が埋まっている場所は、その地元の男性しか知らないそうです。

カブレラストーンはシリーズになっています。例えば恐竜のシリーズの石には、恐竜の発生の様子がすべて描かれています。人類が恐竜を矯正し家畜のように飼いならしている様子も見ることができます。

外科手術シリーズの石もあります。その中には脳の手術を描いたものがあり、脳を交換したり、記憶を化学溶液でダウンロードして、若い人に入れかわってずっと生き続けたということが記されています。また、心臓移植を描いた石もあります。描かれた内容は、医師であるカブレラ博士から見ても、医学的にまったく矛盾がないそうです。拒絶反応を回避する方法として、副腎に血液を通すことも行われています。現代医学から見てもかなり高度ですが、博士は、これらの石は約10万年前の石ではないかと言っています。

プレアデスの理想的な町の様子を描いた石もあります。何気ない模様もみんな記号になっていて、意味を持っています。石によると、人類の最古の祖先はノタルトスというキツネザルです。ノタルトスを加工して人類に仕立てました。思念の力が非常に強く、彗星が近づいてきて地球が危なくなったとき、自らの思念のエネルギーでプレアデスのほうから別の彗星を呼び寄せ、それに乗って帰ったと書いてあります。

そのほかにも、太古の地球の様子を描いたもの、地球に壊滅的な打撃を与えた彗星とそれを観察しているかのような科学者を描いたもの、銀河を描いたものがあります。カブレラストーンに描かれた銀河は、現在、観測されている銀河の状態とかなり整合するそうです。また、波形模様が刻まれた石がありますが、その波形は、次元と次元の間のスペース、次元の扉ではないかと思います。意識を保ったまま、例えば3次元から4次元、5次元へと移動するとき、次元と次元の間は、さざ波のような感覚なのです。映画『コンタクト』にもそのような場面が出てきました。

私はペルーで線刻石が展示されているのを見たことがあります。その展示では、ボリビア産ということで、3000個ほどの線刻石を持ってきていました。5万年前ぐらいのものとされる石の中に、表面にすべての大陸が正しい位置で刻まれている石がありました。ただ、水際のラインは今よりも低く、太平洋の島々は陸続きになっていました。

線刻石をカブレラ博士のところに持ち込んでいた地元の男性は、4年ほど前に亡くなりました。線刻石が埋まっているところは、ボリビアなのかどこなのかもうわからなくなってしまったわけです。でも、その男性の名前、誕生日がわかれば、アカシックレコードに入って石のありかを見つけることが可能です。

線刻石がつくられた時代の情報は、その石を手にすることができれば、サイコメトリーという方法を使って知ることができます。写真と現物は違います。写真は石そのもののエネルギーは伝わりません。現物を持つとすぐにインフォメーションがやってくるのです。

あるとき私はインドの寺院を訪れました。ツアーガイドは、「この寺院はこの場所に長い間ずっとあります」と説明しましたが、私が寺院に手を置くと、ガイドさんの言ったことが本当ではないことがわかりました。寺院は壊され、ここに移されて、またもとのとおり組み立てられていました。私は寺院の建物にさわってその情報を得たのです。私が「寺院はここにずっとあったのではないと思う」と言うと、ガイドさんはとてもびっくりしていましたが、寺が本当に移動されていたことが後からわかりました。それが私のサイコメトリーの最初の体験でした。石が話せるということで、とてもショッキングな体験でした。

彗星の接近を観測する科学者が描かれたカブレラストーン

心臓移植のようすが克明に描かれたカブレラストーン
出典『恐竜と共に滅びた文明』浅川嘉富著
『人類史をくつがえす奇跡の石』カブレラ・ダルケア著
浅川嘉富訳

beyond 12 days of photon ㉗

月の人工物と火星の生命について

太陽系はとても活発に活動しています。

特に火星と地球は、

その間に一種の次元現実があると言うことができます。

それは地球と火星が分かち合っている現実です。

地球と火星は２つで１つという感じです。

月の表面には、人工の構造物があります。それは、地球の人間が、過去40年でつくった現代のものです。アメリカ、ロシア、日本、ヨーロッパ、いろんな国の人が協力しています。「アメリカが東ヨーロッパにミサイルを配備するならば、ロシアは月に防衛基地をつくる」、こんな話を聞いたことはありませんか？　実はこの話は、実際に月面上で行われていることから私たちの注意をそらすための、スモークスクリーンなのです。

月では、建造物を太陽の光が当たる場所と当たらない場所のちょうど境目につくると、気温をコントロールできます。でも、問題は放射線です。地球の大気はすばらしく効率的ですが、月面では大気をつくる方法がありません。放射線をフィルターするのが難しいので、月にいる人はずっと建物の中に入っていて、外に出るときは何かの装置をつけなければなりません。オリジナルのアイディアでは、月の上に植民地をつくろうということでした。SFをベースに考えると、閉じた生態系のようなものをつくろうとしていますが、うまくいっていません。

最初、月では地球からエスケープするための基地の建設が計画されていました。しかし、実際には放射能が強過ぎてその計画は無理なことがわかり、今はテクノロジーの実験場がつくられています。そこで実験されているのは、火星まで飛ばせる乗り物、ロケットテクノロジーです。月の上で火星に行くためのテクノロジー開発を行っているのです。

月の裏側はとても寒いので、実験基地は、ちょうど光と闇の境目のところにつくられています。問題は、地球上の多くの人が望遠鏡を持っているため、実験が見つかってしまう可能性があることです。一般人が持つ小さい望遠鏡は短い間しか観察できませんから、実験活動に焦点が合うことはほとんどないと思います。しかし、これから活動がどんどん拡大していくと、見られてしまう可能性があります。そのときはまた、別のスモークスクリーンを張りめぐらすことが必要になるでしょう。

火星では植物化石が発見されていますが、今は森はありません。水は地下にあります。この水と言われているものの表面は、流動体ではありますが、大気と地表の活動により、ゼラチン状になっています。凍っているわけではありません。中国の山岳部に、水なのに流動体でゼラチン状で、液体ではないものがある場所があります。そこから水を抽出することは可能です。火星の水もそれと同じような物質です。これは科学的に言われていることと矛盾します。科学的には、火星はすごく寒いかすごく暑いかのどちらかだと言われていますが、これは地球にも冷たい場所と熱い場所とがあるのと同じです。

火星に生物がいるかどうかはわかりません。いたことは明らかです。マルデックが爆発したときに、残念ながら、火星の軌道が近かったので、火星の大気を吹き飛ばしてしまいました。人面岩は、滅びた文明の人工物です。顔としてつくったわけではありませんが、太陽が当たる場所に行くと、まるで顔に見えます。

なぜ、火星に興味が集まっているかというと、今地球に生まれ変わっている人たちの魂は、実はマルデックや火星で生きていたことのある魂だからです。火星やマルデックで生まれ変わっていた人たちが、ふるさとを見上げているのです。マルデックは地球とそっくりです。もちろん文化にはそれぞれ特徴がありますが、全体的に地球とマルデックは文化・文明的に非常に似ています。これはとても興味深いことです。

魂は、火星から地球に来て、次に地球から金星に行き、金星から水星、水星から太陽に行き、太陽系をサイクルとして回っているということをハリシュ・ジョハーリが書いています。その説をサポートする証拠をアカシックレコードで見つけようとしましたが、ありませんでした。だからといって、その説が間違っているとは言えません。ひょっとしたら、わたしが別のところを見ているだけかもしれないからです。

太陽系はとても活発に活動しています。1つ1つの惑星が次元現実を持っていて、地球、火星、金星、水星には今も魂が存在しています。特に火星と地球は、その間に一種の次元現実があると言うことができます。それは地球と火星が分かち合っている現実です。そうしたものがあるのは火星と地球だけです。地球と火星は2つで1つという感じです。

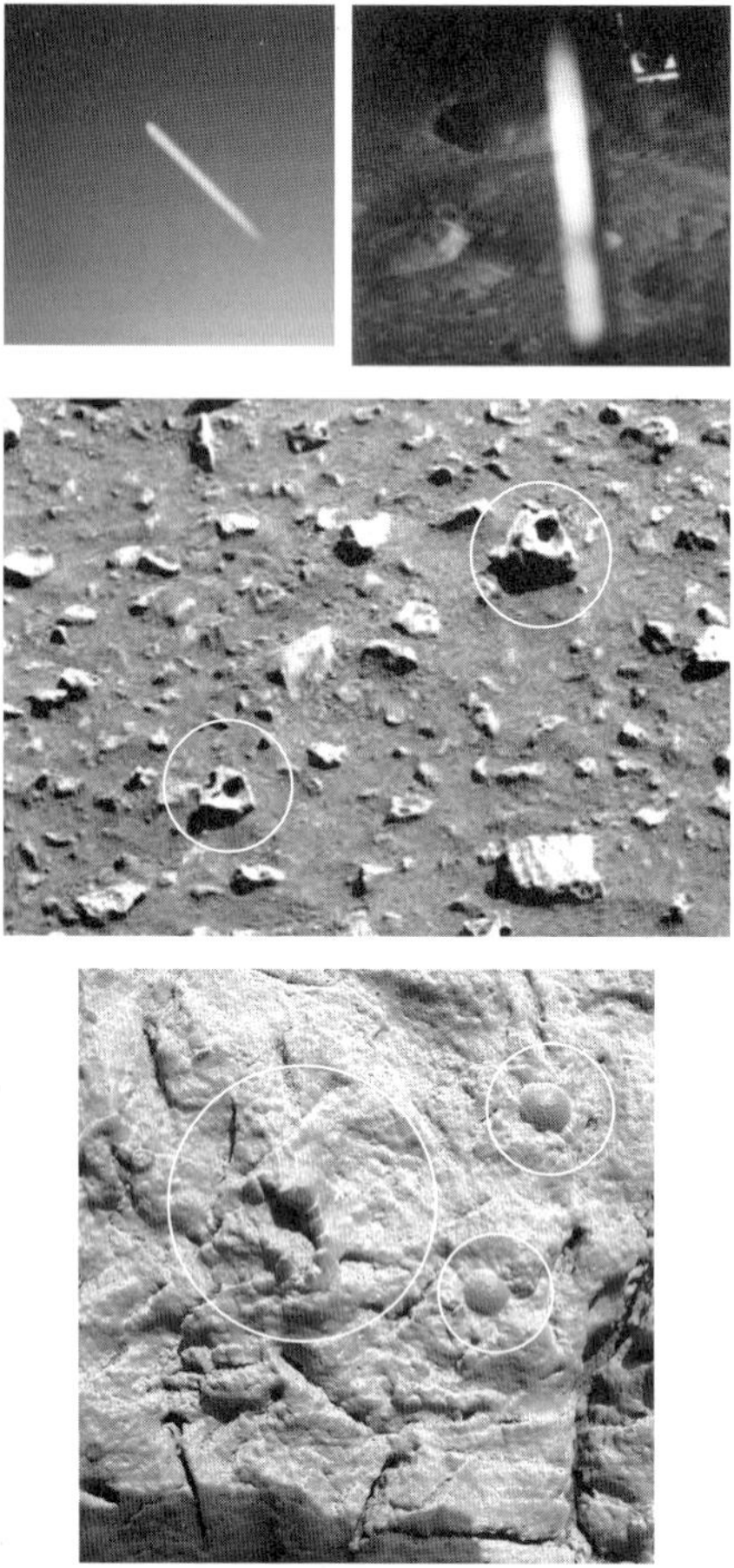

（上左）火星の葉巻型UFO（上右）月の葉巻型UFO
（中）火星地表の恐竜のような生物の頭蓋骨
（下）火星地表のウミユリのような植物化石

beyond 12 days of photon ㉘

地球のシフトにともなって
エイリアンはすでに存在している

今地球上にいるエイリアンたちは、

いろいろな場所から来ていますが、

主にプレアデスからやってきました。

彼らは実に至るところに隠れています。

1300万人が暮らす東京を初め、ニューヨーク、ムンバイ、

ロンドンなどの大都市は彼らの絶好の隠れ場所です。

世界の空には軍事的なものだけでなく、宇宙からのものも飛来しています。飛んでいる宇宙船は未来から、未来の人類がつくって飛ばしています。私たちはテクノロジーにトライしているのです。

私たち人間の視覚はとても制限されていて、あまりにも狭い領域しか見えません。光がその狭い領域、可視光線と言われている部分から少しでも離れてしまえば、私たちの視覚は戻ってくる光をとらえることができず、ほとんど見えなくなってしまうのです。スペースクラフトの外側は柔軟性があり、形が変わるので、スペースクラフトがちょっと形を変えると、そこから反射する光の周波数が変わります。その周波数が可視光線の領域に当てはまらなければ、光が戻ってこないので、実際には存在していても人間の肉眼では見えないのです。

さらに、エイリアンたちはすでに地球上にいます。彼らは地球のシフト変化にともなって、姿を現すでしょう。なぜ彼らがまだ姿を見せないのかというと、今彼らが姿を現しても、我々は彼らをただひたすら崇拝するだけになってしまう可能性があるからです。そして、それにはかなりの弊害があります。

しかし、シフト変化のときなら人間の意識もどんどん目覚めていきますから、中に

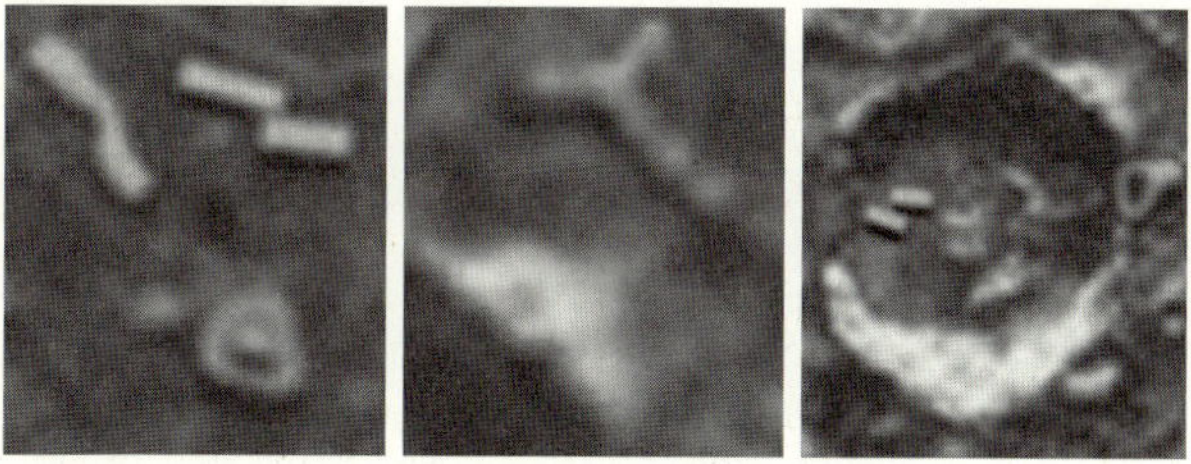

（上左）月面探査車の上でホバリングする UFO
（上右）月面に現れたり消えたりする巨大な三角形状の人工物
（下）月面上で見られる人工構築物群

は崇める人も出てくるでしょうが、そうした一部の人たちを除けば、エイリアンをただ崇めるという事態にはならないわけです。

また、迷信の問題は、宗教も科学も同じです。彼らが地球にいるということは、宗教とか科学というものの今までの正当性を壊すことになります。彼らを認めてしうと、今まで言われてきたことが壊されてしまって、全部をセットし直さなきゃいけなくなってしまいます。ですから、頭から言うと麻痺させるような感じになってしまって、受け入れることができないのです。

エイリアンや彼らの叡智をバチカンの人は知っているのではないでしょうか。宗教とか、政府とか、ハイヤーノーイング（高位の叡智）を持っている人たちは知っていると思います。でも、そういう人たちはそれを認められないのです。

すべての人間は、その内側でコアが脈打っています。宇宙船が降りてきたとき、我々は全員同時にその内側のコアを変化させます。我々はこの地球という丸い空間にへばりついて、宇宙には人間だけしかいないと思い込んでいました。しかし、そうではありません。エイリアンがいます。

空《ヴオイド》の中を大きなシャボン玉のような光のバブル、エネルギーのバブルが動いています。そこに行ってみると、物理的に創造された物理次元は、単にその大きなバブルの薄っぺらな表面にすぎません。中身は空っぽです。我々人間はその物理次元のセンターではなく、ずっと端にいるだけなのです。

宇宙には、戦争など我々が抱える苦悩を解決した人たち、苦悩を通り抜けてきた人たちがいます。彼らを見て、我々の意識は格段に広がります。「ここに苦悩を解決した人たちがいる。自分たちにもできるはずだ」という気持ちになります。これはまさに大転換です。

今地球上にいるエイリアンたちは、いろいろな場所から来ていますが、主にプレアデスからやってきました。彼らは実に至るところに隠れています。１３００万人が暮らす東京を初め、ニューヨーク、ムンバイ、ロンドンなどの大都市は彼らの絶好の隠れ場所です。エイリアンたちは人間とは違うので、目立ってしまう田舎にいることはできません。

イギリスにいるアメリカ人で、「宇宙人に会った」と言う人がいます。彼は本を書いて、エイリアンの写真も公開しました。エイリアンは人間とまったく異なった形体をしているわけではありませんが、やはり人間とは違います。まず目が違っています。彼らの目には虹彩《こうさい》がありません。彼らにとって地球は薄暗い世界なのです。また、エイリアンは背が高く、体の比率が我々と少し違います。頭、額が大きくて、手は小さい手のひらに長い指がついています。腕も私たちとは比率が違います。体の比率が違うので、ちょっとへんな印象を受けます。

それから、不思議なことに、彼らは光っているような感じに見えます。

エイリアンが姿を隠す方法はいろいろありますが、彼らがパンクファッションやゴテゴテしたゴシックの服を着たら、人間と区別できないと思います。彼らは落書きでお互いに連絡をとり合っていると信じている人もいます。

エイリアンの役割は、「自己中心的でいるのをやめろよ」と言いに来ることです。彼らが何人くらいいるかはわかりませんが、いろいろなシステムから来ています。

ただ、彼らは、我々がやっていることを批判したり判断したりはしないのです。ストップしようともしないし、別に導こうともしていないのです。彼らがここにいる理由は、ガイプ、正しい瞬間に、もう私たちが1人じゃないということを見せるためです。それが本当にこの集合意識のコアを変化させるからです。

実際に1万3000年ごとに、ユニティからセパレーションのつどに、変わらずエイリアンたちはいました。基本的にはガイドしたりとかインスピレーションを与えたりという役割を果たしてきたのです。

終わりに conclusion

魂の本質がいよいよ明らかになります

もし、これまでお話ししてきたことが、すべて本当のことだとしたら？

もし、1万3000年ごとに、私たちは自分自身をまったく新しくつくり直しているのだとしたら？

「分離―セパレーション」と「合一―ユニティ」の間を振り子のように行ったり来たりしながら、新しい世界をよりよく知るために、それまでの状態をすっかり忘れているのだとしたら？

これが過去何百万年もの間、繰り返されてきたとしたら？

そして、今回が人類の意識が体験できる、一番最後のシフトだとしたら?

本書に書いてあることがすべて真実だとしたら、私たちがこれまでプレイしてきたゲームは、今ドラマチックに変わろうとしています。「12日間」の間、目覚め続けていた人によって、次元を隔てていた境界線が解けていこうとしています。そのあとに広がるのは、私たちすべての命令に忠実に応えてくれる「遊び場」です。

私たちは、もうすぐ人間存在のもう1つの側面である「ユニティ」を知るのでしょうか?

たしかに私たちは、過去1万3000年にわたり、分離のさまざまな層を体験してきました。ところが真の「二元性」と「分離」の本質を理解したのは、最後の100年だったという人もいるかもしれません。またある人は、われわれが「分離」について深く知ったのは、文化を異にする人々がお互いの存在を知らなかったころだというかもしれません。

いずれにせよ、いよいよ檻《おり》の扉が開け放たれようとしています。多くの人々が地球を離れ、別の惑星システムに向かって新たな冒険へと旅立ちます。またここに残り、地球が癒され変容を遂げるのに立ち会う人々もいます。

別の惑星からも新しい探検者たちがやってきて、今、この地球上に転生しています。彼らは「光の12日間」を体験するので、その魂には「二元性」と「分離」の記憶が刻み込まれます。「分離」と「合一《ユニティ》」の2つのスペクトルの片方から片方へと移行し、次の4731年間、こうして、人類意識の生きた歴史が魂のなかへと保存されていきます。現在の人類の意識はこの地球というシステムを西暦6732年に去る準備を進めているのです。魂に刻まれた「二元性」の記憶は、この地球を去る日まで、より大いなる「ユニティ」へと向けて、インスピレーションを与え続けてくれることでしょう。

いよいよ、間近に近づいた大きなシフトに向けて準備をしようとしている方へ、いいニュースです。前にも書いたとおり、シフトを体験するとその記憶は魂に刻み込まれます。ですから、前回のレムリアとアトランティスのときにユニティの体験をした皆さんには、魂の記憶があります。今回のシフトを迎えるとき、この記憶があなたにインスピレーションを与え、葛藤を手放すことができるのです。

シナリオでも描いたような「葛藤」が、私たちが越えなければならない唯一のハードルです。あなたがどれだけ学んできたか、どれだけきちんと生活してきたか、あるいはしてこなかったのかは、5次元へのジャンプとはいっさい関係がありません。ともかく「どれだけ葛藤を手放したいのか」という意欲―ウィリングネスだけが問題なのです。「葛藤」はすべての人の前に横たわる最後の障害です。そして「感謝」が救いをもたらすのです。

アカシックレコードには、2011年から2036年の25年間にかけて起きる5次元意識へのシフトは、集合意識にとって、極端なチャレンジになるだろうと記されています。もしも2001年から2011年までが「浄化の時」であるなら、人類の意識がどのようなことを耐えしのばなければならないのか、想像もつきません。これこそ、ダンテが神曲の中で描いた、恐怖の統治する世界なのかもしれません。

どのようなシナリオが演じられることになろうとも、これからやってくるイベントこそ、古来、語られてきた預言の成就であるということで、すべてのアカシックレコードを読む人たちの意見は一致しています。そして、これがユダヤ教の聖書に記録されている預言者たちの言葉、また新約聖書ではバプテスマのヨハネ、そしてイエス・キリスト、黙示録を書いたヨハネ、そしてのちに、ミッシェル・ノストラダムス、エドガー・ケイシーたちが預言した出来事なのです。

もう1つ、アカシックレコードの読み手たちの意見が一致していることがあります。「個人にせよ、集合的な集まりにせよ、どのようにこの時を迎えるかで、私たちの魂の本質が明らかになる」ということです。

12日間を意識を保ち続けて過ごすためのアドバイス

確実に意識を保ち続けたまま光の12日間を過ごすために、個人にできることがあります。まず第1に、最も重要なことは、内的葛藤を積極的に手放すことです。あなたが本質的な自己を生きることを、葛藤が妨げています。そしてこれから、光の12日間までの間に、「3つのしてはいけないこと」、そして「望ましい7つの態度」について述べています。これを参考に、12日間までの期間を、どうぞ意識的に過ごしてください。

3つのしてはいけないこと

1　どんな場合でも、決して人に対して怒鳴らないでください。怒りのこもった音は相手のエーテル体のエーテルプラズマ物質を引き裂こうとし、その人の気を保持する能力を妨げるダメージを引き起こします。どうしても音で怒りを表現する必要があるときは、怒りの言葉より、一般的な定義のない無意味の発声をしてください。

2．どんな理由でも、決して怒りから身体の一部を使って、人を殴ったり暴力をふるったりしないでください。これは簡単そうに見えることですが、最も重要です。肉体が持っている力には、最初の攻撃から数年間相手の肉体を傷つけ続ける可能性があるのです。

3　どんな理由でも、決して人を操作しないで下さい。またどんな理由でも、人に自分を操作させないでください。心はクリアでないといけません。自分にとって望ましい結果を得るために、嘘をつくこと、または情報を控えることで状況を変えることは、最も魂意識を無駄にする行為です。操作したり、されたりすると、回復するまでは長い年月がかかる可能性があります。後悔と恨みは治りにくいのです。

7つの望ましい態度

1 新しくおとずれる瞬間、瞬間において、自分自身に対してやさしく穏やかに接すること。

2 自分の人生のすべての条件や状況の責任を完全にとること。

3 どのような結果をもたらそうとも、すべてにおいて正直であること。

4 あらゆる適切な方法で他者の助けとなること。

5 あなたが話すすべての言葉、行うすべての行為において、ゆるがず率直であること。

6 他者の能力や貢献を認めること。

7 寛容であり感謝すること。

人類への奉仕に人生を捧げたすべての人々の恵み、そして感謝とともに、私たちすべてが、新しい時代の光の中へと入ることができますように。

Note

愛に生き、悟りに目覚めるには

愛とは「創造」におけるダイナミックな唯一の意志であり、
意識を形作っているものです。
こう定義するのであれば、
「愛」とはすべてのものに浸透している
目に見えない実体だということが言えるでしょう。

愛のさまざまなレベルについて

私たちはなぜここにいるのでしょうか？

その理由の1つは、地球意識の枠が限られていることです。そして、その「制限」と「錯覚」に反応していく「集合的な魂（コレクティブソウル）」の核を体験するために、錯覚に満ちた物質の姿を人類の意識に映しているのです。このコレクティブソウルは、限りなく広がり続ける多次元の形《フォーム》が折り重なっています。それを形容するのに最もふさわしい言葉を見つけるとしたら、「無限の愛」ということになります。

さらに、もっと「コレクティブソウル」を深く知るためには、私たちの意識がさまざまなレベルの愛を旅しなければなりません。

ここで言う、さまざまなレベルの愛とは、

本能的な愛
奪う愛
愛する愛
許す愛

育む愛
与える愛
叡智としての愛
限りない自己表現としての愛
存在としての愛
そして、創造主、そのものとしての愛

以上の10段階です。


では「愛」という言葉に別の解釈を与えてみましょう。

愛とは「創造」におけるダイナミックな唯一の意志であり、意識を形作っているものです。こう定義するのであれば、「愛」とはすべてのものに浸透している目に見えない実体だということが言えるでしょう。

もう1つ別の解釈をすれば、「愛」とは私たちの存在の「活動」そのものです。そして、最後の定義は聖霊（Holy spirit）を慰めるものとしての「愛」です。

「愛」について、アカシックレコードにたずねてみると、どの人種・文化においても、すべて共通していてこのテーマについての概念が普遍的なものであることがわかります。「存在としての愛」を超える愛については、ほとんど知られてはいません。「愛」というテーマについて深い智慧をもった教師たちが、この地球という次元にはたくさんいます。準備が整えば、師はあなたの前に現れることでしょう。

「愛」のレベルについてもう少し詳しく説明を加えておきたいと思います。

「本能的な愛」は何も特別な努力が必要なわけではありません。この愛は単に引力の法則に従っていくだけです。通常、集団を形成している人々は、この本能的な愛の内側にいます。ここでいう集団とは家族、町、市、地域、民族、国家、世界、太陽系、銀河、宇宙などです。

「奪う愛」は自己中心的な、人を操作する力です。「何かを得るためには、何かをしなくてはならない。また、正しくなければ愛されない」という幻想にとらわれたとき、私たちはこの奪う愛を覚えます。「ノー」という言葉は、しばしば「剝奪《はくだつ》」という体験の引き金になることがあります。また、この愛は人が自分の「本能の愛を感じる集団」から離れてしまったときに感じる「無力感」でもあります。集団のなかにいれば、私たちは理解されていますが、集団の外では自分のことを説明しなくてはなりません。「愛する愛」は自然に自分の心をとらえる「対象」に対する愛が基本になっています。

それは「自分を愛するように、あなたの隣人を愛せよ」と、聖書に記されている愛です。この愛は受け取る側に善意が伝わります。この愛こそ最も一般に広く見出される愛ですが、なかなか達成することはむずかしいのです。

「許す愛」は言い換えれば「汝の敵を愛せよ」というイエスの言葉のなかに見出されます。この愛は信じがたいほどの寛容さを要求し、人類意識ではめったに出会うことはできません。これは知性と理性の「愛」です。

「育む愛」は最終的にすべての人々が到達する領域であり、大いなる慈愛の「愛」です。この愛こそ、人類意識の本質が表現されていると言えるでしょう。

「与える愛」は見返りを期待せず、ただ与える愛のことです。この愛はほとんどの人々の理解を超えています。「自分に足りないものがある、必要なものがある」という幻想に陥っている人々の「資源」となるために、収支決算表を捨ててしまっているような愛のことです。これこそ「無私」の状態です。

「叡智としての愛」は心と頭が1つになっている状態です。このレベルでは、自分は正しくなければと思う必要性がいっさい消え去ります。思考は完全にフィーリングと1つです。覚醒していない人が、このレベルに到達することはほとんどありません。

「限りない自己表現としての愛」、このレベルではあなたは1人の完全なる自主自立した存在として自分を表現します。この世界の、錯覚と制限のなかで見つけたパワーで、その錯覚自体を巧みに扱っていきます。
「存在としての愛」、および「創造主、そのものとしての愛」はそれぞれ言葉自体が語ってくれることでしょう。

では、私たちの集合意識ははたして、今、どの愛のレベルにあるのでしょうか？覚醒へと進んでいく道のりの途中で、あなた自身がどのレベルにいるのか、あるいは集合意識がどこにあるのかを判断するために、このモノサシを使うのはあまり適切なやり方ではありません。これらのさまざまなレベルの愛は皆、この地球上で表現されているのです。そうでなければ、その存在に気づくことはできません。そして、今述べた愛以外にも、どこかにきっと別のレベルがまだまだ存在しているに違いありません。

ユダヤ・キリスト教から、それぞれの愛のレベルの指標となる存在をあげてみましょう。ソロモン王は「叡智としての愛」を、モーセは「創造主、そのものとしての愛」を体現した人物です。ジョシュア・ベン・ジョセフ（イエス・キリスト）は「許す愛」と「存在としての愛」としての存在でした。ほかにも愛を体現した存在がいます。釈迦は「存在としての愛」と「創造主、そのものとしての愛」を、観音様は「育む愛」と「存在としての愛」を表しています。孔子は「叡智としての愛」です。モハメッドは「創造主、そのものとしての愛」のモデルです。そのほか、世界いたるところの文化や宗教に属し、これらのレベルの愛まで到達した人々はたくさんいます。正確に言えば、1万4000人も存在するのです。人間によって書き留められた歴史の書は、こういった人々のほとんどを書きもらしているのです。

悟りのプロセスの4つの段階

1　自己認識－自分自身を知ることは、自己覚知へ向けての最初のステージです。完全に自分の短所や長所を、人格／自我の流動的なダイナミクスとして理解できる能力であり、すべてのセルフジャッジや自己非難から自由です。

次のステージが自己実現です。自己を実現すると、一切のためらいや、社会からの制限にとらわれず、本質的な自己《オーセンティックセルフ》を生き、意思を持って自由に人生を創造していきます。自分以外の人の真の姿を、ジャッジすることなくありのままに見て、意識のあらゆるレベルで自由にコミュニケーションをとることができます。

自己覚知とは、すべての内的葛藤から解放された状態で、本質的な存在としての自分自身を一切裁くことなく認識すること。他者の目を気にすることなく、自分自身を心から表現しようとすることです。ただ、まだ人類を支配している集合的な「思考エネルギーの場《フィールド》」の制限を受けています。またこの状態からもとに戻ってしまうこともあります。

2

覚醒とは本質的な自己《オーセンティックセルフ》に関するすべての幻想から自由になった状態です。人間という形体の中にいながら、完全に目覚め、恵みと調和に満ちた魂意識から、瞬間、瞬間を生きていくことです。

覚醒すると感覚を通して入ってくる情報は無限です。そして、世界の真の姿を、エネルギーと意識をも含めて、ありのままに見ることができます。人類を支配している集合的な思考フィールドの制限を、もう受けることはありません。

あなたは、本質的な自己を通して創造するのです。あなただけのユニークな才能が生み出す思考を、地球のエーテルのエネルギーを使って現実化していきます。時間と空間は流動的になり、あなたは自分のすべての転生を知ることができます。

3　光明《イルミネーション》とは、生命のすべてが明らかになり、あらゆる現実のレベルにおいて、意識的に生きることができる状態です。すべての生命の源とあなたは完全に1つであり、自分と他者との違いを、一切認識することはできません。あなたはこの次元にジョイを輝かせ、他の人々の資源《ソース》となります。あなたが出会うすべての人が、それぞれの旅の完成に向けて大いなる自己を取り戻すことができるように手助けをします。

4　解放は、魂意識と肉体感覚意識が完全に融合して一体化した状態です。そして魂意識は、宿っていた肉体が純粋なエネルギーに還るように、アセンションという最終の表現を与えます。あなたは、もうこの次元を「誕生と死」という形では体験しません。アセンションをした肉体は、魂になります。あなたの魂のエーテル体には、アセンションした肉体のエネルギーが刻印され、思いのままの肉体を出現させることができるようになります。あなたは、境界線も、制限もない存在となるのです。

ある種のテクニックを使えば、一時的な覚醒状態を得ることができます。状態の継続時間は様々です。覚醒状態が去ってしまうのは、まだ内側に解放されるべき内的葛藤があるからです。葛藤が解放されれば、自己覚知の状態から、覚醒の状態へと移行します。

自己覚知と覚醒の違いですが、自己覚知の場合、まだ私たちは「自分」にフォーカスしています。内的葛藤を起こす可能性がある最後の部分を浄化している状態です。覚醒すると、私たちは「無私」の状態になり、覚醒に向かおうとしているほかの人々のための資源になります。

アカシック・シンボル

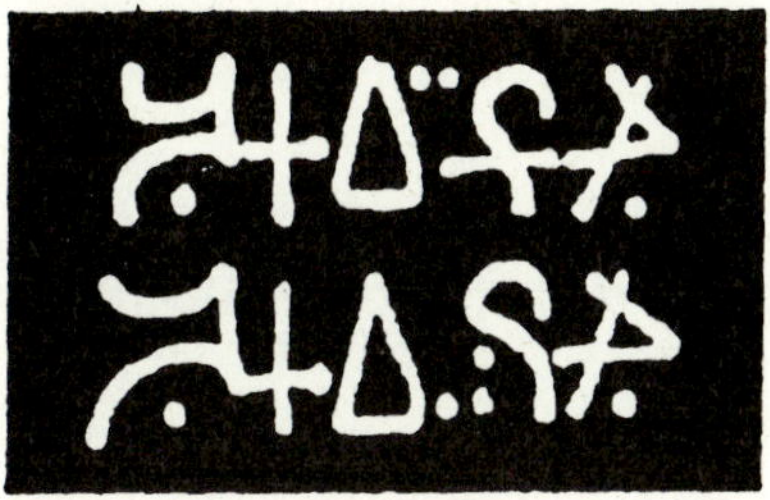

2001年と2011年の違いは中央の文字の２つの点が、2001年は上部にあり、2001年では下部にきていることです。その右隣の文字の中央に横切る線のあるなしではありません。

Gary Bonnel（ゲリー・ボーネル）
心理学者。哲学博士、催眠療法家。1948年カリフォルニア州サンホセに生まれる。幼少時から体外離脱の能力を持ち、1958年からアカシックレコード（記憶の殿堂）にアクセスできるようになる。1974年、自ら家具会社を起業。会社経営を体験する。その後は中小企業、大企業の起業コンサルタントに従事するかたわら、欧米を中心にスピリチュアルなセミナーや講演会を行なっている。
日本では2007年よりミスティカル・ノウイング・スクールを開催。実践的な神秘学を教えている。主な著書に『アトランティスの叡智』『新次元の叡智』（以上徳間書店）高橋克彦氏との共著で『5次元世界はこうなる』（徳間書店・5次元文庫）などがある。
ゲリーボーネル・ジャパン
http://www.garybonnell.jp/（03―5437―0886）

大野百合子（おおの ゆりこ）
東京生まれ。神戸女学院大学英文科、日本航空勤務後、同社と筑波大学が開発したカウンセリングセミナーのカウンセラーとなる。退行療法セラピスト・講師および心理学系、精神世界系の通訳、翻訳家。また、幼少時からの神秘体験をふまえ「日本の神様カード」（クレイヴ出版）を創る。アイユニティ代表。主な翻訳書に『アトランティスの叡智』（徳間書店）『5次元世界はこうなる』（徳間書店・5次元文庫）など多数。
アイユニティ
http://homepage2.nifty.com/i-unity/

5次元へのシフト
新・光の12日間

5次元文庫035

初刷　2008年10月31日

著者　ゲリー・ボーネル
訳者　大野百合子
発行人　竹内秀郎
発行者　株式会社徳間書店
〒105-8055 東京都港区芝大門2-2-1
電話　編集(03)5403-4344　販売(048)451-5960
振替　00140-0-44392
編集担当　石井健資
印刷　図書印刷株式会社
カバー印刷　近代美術株式会社
製本　ナショナル製本協同組合

ISBN978-4-19-906039-7